JN302177

ヒトがいきる経営

齊藤毅憲 編

多摩大学大学院
ヒューマンリソースディベロップメント研究会 著

学文社

読者へのメッセージ

　「ヒトがいきる経営」を，21世紀の経営（マネジメント）にとってのキーにしたいという思いから，本書を世に送ることにした。1990年代のバブル経済崩壊後の日本企業のヒューマン・リソース・マネジメント（人的資源管理，人事管理）は，ヒトがいきるという意味からいうと，正直いってきびしいものがあった。大規模な雇用リストラが行われ，学生の就職もままならぬものがあった。人手は増えず，労働力へのニーズが全般的に減少するなかで，仕事の負担やストレスのほうはむしろ大きくなっている。しかも，賃金などの報酬は，据えおきか，減少の傾向にあった。そして，成果主義人事への移行も進展している。

　企業側にのみ，その責を負わすことはできず，企業に過度に依存してきた働く人びとにも当然負うべきものがあるが，依存意識が強いほど，ヒトがいきるにはむずかしい状況になってきた。したがって，この間の企業にも，そしてビジネス・パーソンにも批判を投げかけることは容易である。

　これに対して本書は，21世紀のヒューマン・リソース・マネジメントにとってとくに重要と思われる課題を取り扱うことにした。それは，成人の特性をふまえた企業内教育，重要性を増しているトップマネジメント教育のあり方，変化のなかでの問題解決力や受容力の育成，有効なリーダーシップやコミュニケーションの方法・技法，障がい者雇用の推進などであり，これにくわえてヒューマン・リソース・マネジメントにも関係してくる企業文化の変革やコンプライアンス経営の実現についても，タイトルにあるヒトがいきるという立場から検討している。読者の皆様には，是非ともこれらの検討から，今後の企業経営やヒューマン・リソース・マネジメントのための有益なヒントを得てほしいと考えている。

　本書の執筆者は，社会人大学院教育では一定の社会的な評価を得てきた多摩

大学大学院経営情報学研究科修士課程の修了生であり，きびしいビジネスの場に身をおくプロフェッショナルである。過去10年間にわたって，私はこれらのプロと交流し，"共育"してきたが，本書はその成果の一端である。

　そして，本書がなるにあたっては，学文社の田中千津子社長にお世話になった。心からのお礼を申し上げるとともに，本書がこのような問題に関心のある多くの読者に役立つことを期待している。

2008年5月

執筆者を代表して

齊藤　毅憲

目　次

読者へのメッセージ ……………………………………………………… i

序　章　「ヒトがいきる経営」入門……………………………………… 1
1　はじめに──経営の理想像をもとめて　1
2　「ヒトがいきる経営」の意味　1
　「ヒトをいかす」こと　1／　他律性とともに個の自律も　2
3　他律と自律の同時併存性　4
　マネジメントの重要性　4／　自律性による「いきる」の考え方　6
4　おわりに　8

第2章　成人の特性をいかした企業内教育の展開
　　　　　──職場外教育訓練を担当する成人教育者の観点から── ……… 9
1　はじめに──人事管理と企業内教育　9
2　成人の特性をいかした教育　11
　アメリカでの成人教育　11／　アンドラゴジーの意味　12／　成人の主な特性　13
3　成人の特性をいかした企業内教育の調査　16
　調査対象　16／　職場外教育訓練アンケート調査　17／　職場外教育訓練のフィールド調査　20／　調査結果から判明したこと　21
4　若干のインプリケーション　23
　成人教育者による内発的動機の引き出し　23／　内発的動機を引き出す成人教育者の行動　24／　成人教育者の存在価値　25

第3章　トップマネジメントの教育と育成 …………………………… 27

1　はじめに　27

2　トップマネジメントの範囲　28

　問題の認識　28／　あいまいな議論の事例　28／　トップマネジメント問題についての日本人の先行研究　33

3　トップマネジメントの機能　37

　トップマネジメント理解のキーとなるミドル以下との対比　37／　トップマネジメントの核心　38

4　トップマネジメント教育と育成　41

　教育と育成　41／　育成の考え方　42

5　おわりに　43

第4章　問題解決を可能にする「受容力」の育成
　　　　―島津斉彬の事例から―　　　　　　　　　　　　　　46

1　はじめに　46

2　「問題解決力」の意味　46

3　事例研究としての島津斉彬の集成館事業　50

　集成館事業を取りあげた理由　50／　斉彬と集成館事業のプロフィール　51／　斉彬の問題解決力　52

4　「受容力」とはなにか　54

　「受容力」の意味　54／　斉彬の「受容力」　55／　「受容力」の形成　56／　「受容力」の育成・開発　57

5　問題解決力のメカニズム　58

　問題解決を可能にする3つの意識　58／　問題解決力を高める失敗や感動体験　58／　「受容力」の働き　59／　小括　61

6　おわりに　62

　問題解決を可能にする「受容力」の育成　62／　問題解決への「受容力」の活用　62

第5章　感情コンピテンスアプローチの提言
―リーダーシップの源泉をめぐって― ……………………………… 65

1　はじめに　65

2　リーダーシップ論のパラダイムシフト　65

Hi-Hi パラダイムの限界　65／　リーダーシップ本質論の整理　66　
リーダーシップ論のパラダイムシフト　69

3　感情コンピテンス（EQ）理論　69

ビジネスの成果と感情コンピテンス（EQ）の関係　69／　感情コンピテンスの構造　70／　感情コンピテンス理論の主な特徴　72／　自己認識を基底とした階層構造　72

4　リーダーシップ発揮プロセス　74

感情コンピテンスとリーダー行動（LBDQ-XⅡ）の比較　74／　リーダーシップ発揮プロセス　77

5　リーダーシップの源泉　78

感情コンピテンスアプローチモデル　79／　本章の結論　81

6　おわりに　82

第6章　サーバント・リーダーシップ
―その思想，実践と展望― ……………………………… 85

1　新しい企業環境　85

2　サーバント・リーダーシップの意味　86

主な基本概念　86／　10項目の行動特性　88／　従来のリーダーとの違い　90

3　サウスウエスト航空における実践事例　92

サウスウエスト航空のプロファイル　92／　サーバント・リーダーシップの導入　92／　実践と発揮されたリーダーシップ　93／　実践されるサーバント・リーダーの特徴　94

4　資生堂における実践事例　97
　　池田守男とサーバント・リーダーシップ　97／　池田による実践　99
　5　おわりに　102
　　サーバント・リーダーとしてなすべきこと　102／　今後のあり方　103

第7章　組織におけるコミュニケーション改善の新しい視座
　　　―「禅問答」の方法論をめぐって― ……………………………… 108
　1　はじめに　108
　2　「禅問答」を議論する理由―止揚のための考え方　109
　　既存の枠を壊す方法論　110／　実践や体得の重視　110／　主客一体的な思想　111
　3　禅と「禅問答」　112
　　禅の目的と方法論としての「禅問答」　112／　「禅問答」の主な特徴　113／　組織に応用する際の3つの障害　115
　4　「禅問答」のキーポイント　115
　　内省の意味　115／　一如というコンセプト　117／　無自性の意味　118
　5　おわりに　119
　　「禅問答」におけるキーポイントの関係性　119／　残された今後の研究課題　120

第8章　企業における障害者雇用の現状と推移
　　　―モジュール化による業務設計をめぐって― ………………… 124
　1　はじめに　124
　2　障害者雇用の実態　126
　　民間企業における雇用状況　126／　法定雇用率未達成企業の状況　129
　3　障害者雇用を行うことによる企業内の変化　130

プラスの影響　130／　マイナスの影響　132
　4　モジュール：障害者のための業務設計の考え方　132
　　　モジュールの意味　132／　モジュール化の事例　135／　障害者の業務設計への応用　136
　5　おわりに　139

第9章　企業文化変革への道筋
　　　――クラウゼヴィッツ『戦争論』を素材にして――……………141
　1　はじめに　141
　　　続発する企業不祥事　141／　不祥事の事例と根源的問題　141
　2　企業文化の研究　142
　　　企業文化研究の背景　142／　シャインの組織文化研究　143／　企業文化の変革へのアプローチ　145
　3　『戦争論』の理論分析　146
　　　なぜ『戦争論』に学ぶのか　146／　『戦争論』の理論　148
　4　企業文化の変革　154
　　　『戦争論』からなにを学ぶか　154／　『戦争論』を変革にいかす　156
　　　変革への道筋　161
　5　おわりに　162

第10章　実効性あるコンプライアンス経営の実現
　　　――ダイレクトマーケティングにおける広告表示の現場から――…164
　1　はじめに　164
　2　ダイレクトマーケティング・ビジネスにおける広告表示製作現場の実態　165
　　　ダイレクトマーケティング業界　165／　ダイレクトマーケティングと法律　166

3　通販企業における広告表示　167
　　表示問題の意味　167／　法の規制をクリアできないクリエーターの理由　168
　4　日常の活動現場における法令遵守に向けて　171
　　観察・分析結果のまとめ　171／　ダイレクトマーケティング・ハンドブック制作の試み　172
　5　実効性あるコンプライアンス経営への取組み　174
　　法令遵守の限界　174／　自律活動を根付かせる　175
　6　おわりに　176

索　引 ─────────────────── 178

序章

「ヒトがいきる経営」入門

1　はじめに――経営の理想像をもとめて

「ヒトがいきること」,「いかすこと」が経営(マネジメント)の最終的な姿である。筆者たちは『個尊重のマネジメント』(野村千佳子ほか,中央経済社,2002年)をつくり,このヒトが生きること,そしていかすためには,個尊重の経営が求められるとした。また,21世紀の企業像や経営ビジョンは,20世紀の成長志向や競争志向のものとは異なって,環境志向などとともに,この個尊重への志向をもつものであると主張した。

ヒトが,自分のもっている能力をいかしていけるとか,みずからの能力を伸長させて,それを現実に発揮でき,それを通じて企業や組織体もいきることができるならば,それは経営の理想像というべきものであろう。もっとも,企業や組織体(行政,NPOなど)がいきるためには,それぞれがつくりだす製品やサービスはいうまでもないが,生活者に奉仕し,「生活のサポーター」にならなくてはならない。要するに,企業などは生活者の「グッド・ライフ(いい生活)」づくりに役立ち,それによって生活者もいきることが求められる。

このように,21世紀の経営の理想像は,働く人びとがいき,そしてこれを通じて企業や組織体がいき,さらに生活者がいきるものでなければならない。

2　「ヒトがいきる経営」の意味

¶「ヒトをいかす」こと

それでは,「ヒトがいきる」とは,どのようなことを意味しているのか。経

営学の考え方，つまりマネジメントを行うという立場からいうと，マネジメントを行う人間が他人を動かしていくのであり，その過程や結果として「ヒトをいかす」ことになる。そして，このヒトをいかすことができるのも，いかせないのも，マネジメントを行う人間の力量にかかっている。

したがって，これまでにも，「ヒトをいかす経営」というタイトルの著書は多くみられてきた（たとえば，松下幸之助『人を活かす経営』PHP研究所，1979年）。われわれがいう「ヒトがいきる経営」とは，このようなヒトをいかすという視点も当然のことながら含んでいる。それは，マネジメントによっていかされて，その結果として，ヒトがいきることである。それは他律的であるとはいえ，ヒトはいきることになる。

「エンパワーメント」(empowerment) とは，部下に権限を与えるとか，権力を委任するというのが本来の意味であるが，青木幹喜がいう「本来，人間がもっているスキルであるとか能力が発揮されることであり，発揮される場作りである」（『エンパワーメント経営』中央経済社，2006年，1頁）という指摘は正しい。他律的という意味では，引用中の「発揮される場作り」によって，ヒトがいきるわけである。

日本人は古来より，日々の生活（ライフ）やビジネスの場で"おかげさま"という言葉を用いてきた。感謝したいと思うようなサポートや助力を他人などから受けることで，自分は現在の良好な状態になったとか，目標や課題を達成することができたとして，この言葉が使われてきたのである。ここには，マネジメントを直接行うヒト以外を含む他人によって自分がいかされることで，自分がいきることになったことに対して感謝の思いが示されている。

¶ 他律性とともに個の自律も

しかし，ヒトがいきるという場合には，このような他律によるものだけでなく，自律というべきものがあるとみる必要がある。それは，他律しながらも，他方で自律によって「みずからをいかして，いきる」ものである。

近年，ビジネス・パーソンの生き方をめぐって，自律的なキャリア開発の主

張が高まるとか,『現代企業社会における個人の自律性』(渡辺峻教授還暦記念論文集刊行委員会編, 文眞堂, 2004年) といった自律性を重視する論調が経営学では生まれているが, このような自律の考え方は重視されなければならない。

こうした考え方は, バブル経済が崩壊した後のわが国の経営者団体の主張にも示されている。たとえば, 経済同友会の「個人と企業の自りつと調和」(1994年) や「個が活き活きと輝き集う, 多縁社会ニッポン」(1996年) などの報告書は, その典型的な事例である。

筆者は, かつて変化の時代のビジネス・パーソンに求められる要件として,「主体的な学習人」の主張を行ったことがある (『経営学ゼミナール』日本実業出版社, 1993年)。現代の激しい環境変化に対応するためには, たえずみずから前向きに学ぶという姿勢をもち, それを実践することが必要である。そして, 変化に適応できないとすれば, ヒトは自分をいかすことのないまま, いきなければならないことになる。

学習には, 子どもの教育にみられるように, 与えられたタスクを習得するために努力するといった受身的なイメージがあるが, 変化の激しい時代には, 現在から将来にわたって, 自分に必要なものをみずから発見し, そのための方法を選択・実践しなければならない。

まさに「自己啓発」が必要であり, それは主体的な学習人の特徴となる。そして, 主体的な学習人の根底には, ヒトは前述してきた「みずからをいかして, いきる」があると考える。しかも, このような人間は,「達成欲求」や「自己実現欲求」が強く, さらにいえば, 起業家にみられる「コントロールの内的位置」(internal locus of control) の特徴をももっている。この特徴とは, 自分の将来は運命とか, 外的な環境要因によってではなく, みずからの力で切り開き, つくりあげていくという考え方をもつ人間のことである。

いずれにせよ, 自律の考え方がいっそう必要であり, そこで本書のタイトルを「ヒトがいきる経営」にしたのである。要するに, 他律と自律の同時併存性 (アンビバランス) によって, ヒトはいきることになる。

3　他律と自律の同時併存性

¶ マネジメントの重要性

　ヒトがいきるためには，マネジメントとそれを行う人間の力量が重要になる。それはすでに述べたように，マネジメントによってヒトはいかされ，その結果としてヒトはいきることを意味している。別の言葉でいうと，それは他律によるものであり，いいマネジメントを行ってもらうことで，ヒトはいきることになる。

　ヒトは，生まれてから成長する過程で，多くの人びとの影響をうける。先天的なものもあるが，両親や周辺の人びと，先生などの他人からの直接の影響や人間関係（友人や職場など）をうけて成長しており，それがヒトをつくりあげている。そして，たとえば，働く現場でマネジメントを担う人びとが教育を重視すると，ヒトの能力は向上したり，改善され，また潜在的な能力が顕在化することになる。これによって，ヒトはいかされつつ，いきるわけである。

　これに関連して，上司のとるリーダーシップやコミュニケーションもヒトがいきることに当然のことながらかかわっている。「いいリーダーシップやコミュニケーションとはなにか」「どのようなリーダーシップ・スタイルが目標達成のためにマッチし，有効なのか」というテーマがつねに問われてきたが，それはこの問題に集約されている。そして，かつてリーダーシップを「人間指導」，コミュニケーションを「意思の疎通」と訳した時期もあったが，たしかにそのような意味が両者にはあるのかもしれない。

　また，マネジメントは働く人びとの環境を整備したり，かれらのニーズにあった仕事の配分や報酬システムを実施することが大切である。そこで，たとえば作業環境が悪く，インセンティブもよくないならば，動機づけ（モティベーション）は高まらず，十分に自分の能力を発揮することができないので，ヒトはいきることがむずかしくなる。

　バブル経済がはじけた後の日本企業は，雇用リストラを実施し，過剰な労働

力の調整を行ってきた。その結果，パート労働などの非正規社員が増加することになったが，かれらはいきることができていないと考える。もっとも，正規社員も本当にいかされていたかについては大いに疑問である。さらに，マネジメントがどのような職場の文化や企業文化，それを具体化するためのシステム・制度をつくるかによっても「ヒトがいきる」ことが左右される。これには，意欲をもって，高い動機づけのもとで，仕事ができ，自分をいかしていけるだけでなく，不正を行わずに，正直にいきるということも含まれてくる。

　業績をあげようと，功をあせって不正な取引を行ったり，またチェック体制が甘いために，思わぬミスを犯したりすることはありうる。また，トップ自体が公正な判断や評価を行わないことがわかると，部下もそれに「右にならえ」になってしまうことになる。

　いわゆる企業不祥事（スキャンダル）は，トップの倫理観の欠如と企業ぐるみによるところが多い。そして，経営者の倫理観がしっかりしているならば，企業文化もシステム・制度も良好につくられ，そのもとで，ヒトは正直にいきることができるわけである。トップが悪い心をもっていたり，裏表のある人の場合，概していえば働く人びとも正直ではいられなくなり，経営倫理の実現とコンプライアンス（法令順守）も困難になる。

　近年，企業や組織において不祥事が目立っているように思われる。しかし，不祥事が多くなったと考えるべきではないかもしれない。それは，むしろ「健全な兆候」であり，倫理観の欠如したトップと組織ぐるみを許さない自律した個人が登場してきたことを示すものではないだろうか。

　というのは，このような不祥事は，おおむね内部からの情報流出によって明るみになっており，かつての日本企業や組織体にはほとんどみられなかった事態であるからである。要するに，「主体的な学習人」だけでなく，所属する企業活動に埋没しない自己責任感覚のある「自律的な人間」が生まれていると考えることができる。しかし，いずれにせよ，マネジメントにはヒトがいきるような文化やシステム・制度をつくることが求められている。

¶ 自律性による「いきる」の考え方

「自律的な人間」の登場をさきに指摘したが,自律性によってみずからをいかし,それを通じていきる人間とは,主にどのような特徴をもっているのであろうか。

まず第1に,それは,「自己啓発」とか,「自己研鑽」を行い,その向上心によってみずからを高めるとともに,実際の仕事の場でそのもっている「能力」を発揮できる人間である。

この自己啓発は,「机上」で行われるだけではない。それは,仕事の現場などでの「経験」によっても行われるものであり,この経験によって得られたり,開発される能力のウエイトは大きいとみてよい。そこで,経験の幅を広げることは,同じ経験を積みかさねることとならんで意味がある。

この経験によって,自分の能力の育成だけでなく,発見・識別が可能になる。ヒトは全能ではなく,得意なものもあれば,上手にできないものもある。たとえ,行ってみたいと思っていても,実際にやってみるとあまりうまくいかないものもある。要は,自分の「もちまえ」を生かすことである。

2つ目は,このうまく行い,「成果」をあげるということである。つまり,各自に割りあてられたタスクをしっかり遂行できなければならない。自律的な人間は,自分の「もちまえ」である能力を発揮し,自分の仕事を遂行し,具体的に成果をあげることが求められる。

また,自分の仕事は,企業や組織体のなかでは,他人の仕事と密接に関連しているから,しっかり遂行できることの意味は大きい。そして,それは企業や組織体をいかすことにつながる。成果をあげられないと,自分をいかすことができないだけでなく,企業や組織体もいきることが困難となり,むしろダメージを与える。

第3に,ヒトは自分の「もちまえ」を生かすことで自律的にいきることになる。ヒトには,それぞれに特有の顕在的また潜在的な能力が必ず備わっているものである。

たとえば，障がい（害）者といわれている人びとにも，当然のことながらそのような能力があり，もちまえをもっている。かれらは "disabled" ではなく，"challenged"（課題を与えられた人びと）であり，障がいのほうにのみ目をとられ，かれらのもっている能力を見落としてはならない。

　ヒトは，そのもちまえを100パーセント発揮できれば，それで十分であり，あまり無理（ムリ）を行うべきではない。それは，上野陽一の能率観でもあった（齊藤毅憲『上野陽一——人と業績』産能大学，1983年）。もちろん，その状態は本人にもわからない部分もあるが，自分の能力をはるかに越えることを達成することはできない。

　しかし，逆に自分のもっているものを発揮していないとすれば，自分をいかしていないことになる。それは，よくいわれる，燃えきれない "不完全燃焼" というものであり，個人だけでなく，企業や組織体にとっても不幸といわなければならない。

　第4に，「変化」という現在の時代的な状況を考えると，変化に対する「感受性」を高めていくことが自律性による「いきる」ことに不可欠となる。時代がどのようなことを求めているのか，どのように社会や経済が動いているのか，を感じとることが必要である。

　具体的には，自分の仕事をとりまく環境にどのような変化がおこっているのか，それは現在から将来の自分の仕事にどのような影響を与えていくのかを感じとり，場合によっては積極的に対応をとるという姿勢が必要なのである。

　時代や環境が変ることで，ヒトに求めるものが変わるとすれば，それに対応しなければならない。そうでないとすれば，ヒトは自分をいかすことはできないことになる。その意味では，変化にセンシティブで，ものごとをフレキシブルに考えられるようにしなければならない。

　最後に，指摘したいのは，「正しくいきる」ことである。仕事ができ，能力を発揮して，自分をいかすことができても，他方で不正な活動を行うようでは，ヒトがいきるとはいえないであろう。

そこで，自律的な人間は能力をいかせるだけでなく，正しくいきるヒトでもなければならない。仕事の現実の場は，「きれいごと」だけでないというのは確かにあったかもしれない。しかし，そうだからといってダーティであってもいいとはいえない状況になっている。「悪事はすぐに知られ，長つづきしない」こと，そして，「つねに見られている」ことを十分に認識し，行動する時期が確実に到来している。要するに，時代は大きく変っているのである。

4　おわりに

以下のほとんどの章は，他律によっていかされ，それを通じていきる立場のものである。しかし，根底には自律性の考え方もあると考えている。そして，今後，他律（経営）と自律の同時併存性のなかで，「経営とヒト」の問題をとらえていくという姿勢や観点はいっそうもとめられていくであろう。そして，ヒトとヒトとが互いにサポートしつつ，みずからをいかしていきる共生と共律あるいは共進化ともいうべきものも当然のこととして考えていく必要がある。

〈参考文献（筆者関係のもの）〉
齊藤毅憲編（1993）『新次元の経営学』文眞堂
──（1993）『経営学ゼミナール』日本実業出版社
──編（1983）『上野陽一──人と業績』産能大学
──ほか（2002）『個尊重のマネジメント』中央経済社

第2章
成人の特性をいかした企業内教育の展開
―職場外教育訓練を担当する成人教育者の観点から―

1　はじめに――人事管理と企業内教育

　人事管理は，製造，技術開発，販売機能などとともに，企業における一領域をなしている。そして，人事管理は，採用や福利厚生といった内容のものから人的資源の管理へと展開されてきた。経営環境の変化に伴い，企業に求められる人材像がかわってきた。長期雇用による労働確保を特徴としている日本の大企業では，その持続成長にとって従業員の継続的な能力開発が必要である。その機能を担っているのが，人事管理のなかの企業内教育である。

　森五郎（1995）によると，企業内教育は3つのモジュールで構成される。

　　ⓐ 職場外教育訓練―職務命令により職場を離れて行う研修であり，Off-JT（Off the Job Training）とよばれる。
　　ⓑ 職場内教育訓練―職場の上司が部下に対して，実務を通して計画的に指導する。OJT（On the Job Training）とよばれる。
　　ⓒ 自己啓発―従業員が自主的に行う学習活動である。企業は，金銭や有給訓練休暇の付与などの支援施策を行う。

　さらに，人事管理のなかの企業内教育は，人事労務戦略に従って実施される。とりわけ職場外教育（Off-JT）は，人事労務戦略の影響を受けることになる。

　このように実施される，職場外教育訓練は，研修参加者（以下，「学習者」）にどのような影響を与えたのであろうか。少し古くなるが，『企業内教育訓練と生産性向上に関する研究』（1996）によると，男性従業員（大学卒業以上）の仕事に必要な知識や経験の獲得方法は「職場での上司や先輩などの指導や実際の

図表 2-1　教育訓練・能力開発管理の過程

```
人事労務戦略 → 方針 → 教育訓練・能力開発 → 実施 → 教育訓練評価
                      ・職場外教育訓練
                      ・職場内教育訓練
                      ・自己啓発
                                    フィードバック
```

出所：森五郎(1995)『現代日本の人事労務管理』有斐閣, 103頁

仕事」(93.7%)つまりOJTが一番である。次に、「自己啓発・自己学習」(78.9%)、「大学などの学校教育」(47.2%)、「会社が実施する社内の集合教育訓練」(28.9%)となっている。

　また、『個人のキャリアと職業能力形成』(2005)によると、「大卒以上で新規就職した場合は、職業能力の開発は職場での業務経験がもっとも有効であり、能力の評価には職場での実務経験が重視されるという傾向があった」という。そして、職業に関する資格については、教員免許や医師、社会保険労務士などを除けば、有効性を認めていない傾向がみられた。

　そこで、従業員の能力は短期間の職場外教育では習得できず、職場での業務を通じてのトレーニングを繰り返すことが必要であるのがわかった。要するに、職場外教育は職業能力の開発に直接寄与していなかったのである。

　しかし、学習者の変容を導く「気づき」になることはできるのではないだろうか。職場外教育では、「気づき」や触発を与え、職場に戻った後でもトレーニングを続ける意志を固めさせるところに、その存在意義があると考える。

　そこで、「気づき」を得やすい職場外教育を「アンドラゴジー」(成人の特性をいかした教育)に求め、講師(以下、「成人教育者」)に求められる対応、成人教育者の存在意義を考えてみる。

2 成人の特性をいかした教育

¶ アメリカでの成人教育

P.A. クラントン（2005）は，成人教育の始まりをJ. デューイの思想や書物に求めることができるとし，「初期の研究者の成人教育観に与えた影響はおそらくきわめて大きく，また長期にわたるものであったと言える」と述べている。デューイが与えた影響には，「学習における経験の価値」と「学習におけるふり返り」がある。

デューイ（1975）は，学習とは経験の意味を増大させ，その後の経験の進路を方向づける能力を高めるように，経験を改造ないし再組織することであると定義している。つまり，彼の学習方法は実験であり，観察と判断の繰り返しである。彼は，伝統的教育を押しつけ教育と批判する。教育者は，学習者のもっている経験の範囲を超える内容を押しつけるのである。したがって，知識は暗記する作業の繰り返しとなる。

また，デューイ（2004）は，成人は成熟した経験をもつと述べている。「成熟した経験をもたない年少者にはできない方法で，年少者それぞれの経験を評価するにふさわしい地位が，成人に与えられている」（邦訳，52頁）。

次に，もうひとつのふり返りについてデューイ（1950）は「信念もしくは知識の形式を支持する根拠に照らして積極的に，不撓不屈の態度で，注意ぶかく考察すること」（邦訳，9頁）と定義している。つまり，「反省的思考」の前提として証明された根拠のある結論とおもわくだけの結論とを区別する。ふり返りを行うことで，つまり本当にそうなのかと問い返すことで，経験により築かれる前提，価値観，パースペクティブを変容できる。これらの変容は，行動の変容を導く可能性をもっている。

彼の思想は，どのようにアメリカの成人教育に取り入れられていったのであろうか。クラントン（2005）は，デューイ―E.C. リンデマン―M.S. ノールズの流れを支持する。まず，リンデマンがデューイの著作を研究して，『成人教育

の意味』(1996) を執筆した。その後，この著作をもとにして，ノールズが成人教育の広範囲にわたる研究を行い，その後の成人教育の実践方向を決めていったとしている。

リンデマン (1996) は，成人教育の特性として，次の4つをあげている。

ⓐ 教育は，生活である。

すべての生活から学習ができると考え，学習は一生続けられる。

ⓑ 非職業的な性質をもっている。

職業教育にとどまることなく，生活を良くする方法を身につける。

ⓒ 状況を通じてアプローチされる。

成人のニーズは，現実を変えることにある。

ⓓ 経験は，生きた教科書である。

成人は，生活を変えるための行動を学ぶのである。

そして，彼は成人教育とよばれる理由について対象が成人に限定されるからではなく，「成人性」(adulthood) と「成熟」(maturity) によってその範囲が限定されることにあると述べている。そして，堀 (2002) も後述するアンドラゴジーを「成人自体を対象とした教育」よりは「成人の特性をいかした教育」ととらえるべきだと主張している。

¶ アンドラゴジーの意味

ノールズは，「アンドラゴジー」(andragogy) という用語を成人教育に導入している。ノールズ (2002) によると，アンドラゴジーはギリシャ語の成人 (man, adult) を意味する aner (andr- の原義) と指導を意味する agogus の合成語である。

これに対して，「ペダゴジー」(padagogy) は，ギリシャ語の子どもを意味する paid と指導を意味する agogus の合成語である。そして，アンドラゴジーを「成人の学習を援助する技術と科学 (the art science of helping adults learn)」，ペダゴジーを「子どもの学習を援助する技術と科学」と定義した。

ペダゴジーのモデルは，ヨーロッパの修道院において7世紀から12世紀に使用されたモデルで，「このモデルは，徐々に支配的になっていった。12世紀

末に誕生しつつあった大学でも同様であった」(ノールズ, 2002, 邦訳, 33頁)とある。

なお,『生涯学習事典』(1990)によると,アンドラゴジーは1833年にドイツで高齢者の教育という意味で最初に用いられたという。また,ヨーロッパではアンドラゴーギク(独 andragogik)とよばれ,「成人継続教育の政策,制度および実施過程全体を体系的に研究する学問」を意味したとしている。

その後,アメリカに伝えられたが,アメリカでは「学習者としての成人のライフステージや発達段階の独自の特徴に着目した,成人の学習を援助する総合的な一貫性のある理論および技術の体系化」を意味するようになったという。

¶ 成人の主な特性

ノールズ(2002)は,アンドラゴジーにおける成人の特性を以下の4つに整理している(邦訳, 39〜58頁)。

ⓐ 自己決定的でありたい。

自己概念は,依存的なパーソナリティのものから,自己決定的な人間のものになっていく。子どもが受動的であるのに対し,成人は自発性や自立性をもつようになる。

クラントン(2005)も「自己決定性を成人教育の到達目標の一つと見ることができる」(邦訳, 74頁)と述べている。つまり,自己決定性とは,学習が進むにつれて修得する行動様式である。

ⓑ 経験が豊富である。

成人がもっている経験は,学習へのきわめて豊かな資源である。子どもは,教師や教材作成者の経験をもとに学習を行う。成人はみずからの経験をもとに学習を行う。C. ロジャーズ(1972)は,成熟した成人の場合,現在体験していることのなかに,過去からのすべての学習結果が含まれる。また,経験があるがゆえに,学習結果が,今後どのように自分に反映されるのか予想できると述べている。

ノールズ(2002)は,成人は「自分の経験から自己アイデンティティを引き

出す」ことを蓄積してきた経験から「自己定義」を行うと述べている。この自己定義には，思考が固定してしまうというおそれもある。思考が固まると，新しい知識を習得しにくくなる。

この点について，デューイ（2004）も「ある種の経験は，ある個人の熟練を特定の方向に伸ばすかもしれないが，そのことはまた，その個人が凝り固まった言動をとる傾向に陥りやすくすることにもなる。そのようなことの結果はまた，その後の経験の領域を狭めることになる」（邦訳，30頁）としている。つまり，経験がかえって自己変容の障害になってしまう場合があると述べている。

ⓒ 学習の準備ができている。

なぜ学習するのか。子どもの場合，親や学校からの圧力によって学ぶ。これに対して，成人は学習のタイミングを自分で決めることができる。生活の問題を解決する必要性を感じたときに，学習を始める。

ⓓ 即効性のある内容を欲する。

成人は，みずからの生活を変えていくために学習に参加する。したがって，学習の内容は現在抱えている生活上の問題であり，それゆえこのような問題への応用の即時性（immediacy of application）が求められる。

ノールズなど（2005）によると，1980年の "Modern Practice of Adult Education" （2nded.）までは，うえの4つが成人の特性であった。そして，これら4項目は，その後も引き続き中核をしめるが，1984年の "Andragogy in Action" では「学習への動機づけ（内発）」つまり，成人は外発によって動機づけられることもあるが，内発の方がより動機づけられるとなる。同じく1984年に出版された "Adult Learner" （3rded.）においては「知る必要性」つまり，成人はなぜ学習しなければならないかを知る必要があるということが，成人の特性として追加されている。

そこで，内発的動機づけに関するE.L.デシ（1980）の考えをみることにしよう。

内発的動機づけによる活動では，個人内部の原因・力によって思考や行為が

なされるのであり，金銭などの外的報酬に依存せず，活動自体の内部にもつ満足感・達成感・充実感を報酬とするという。

彼は，内発的動機づけによる活動には，2種類あり，「最適のチャレンジを追及する行動」と「最適のチャレンジを征服する行動」であるとしている(1980)。言い換えると，ひとつは，自分の能力を発揮させてくれるような事態へ自分自身を駆り立たせることであり，もうひとつは最適なチャレンジに出会ったり，作り出したりしたときに発生する不協和や不適合を減少させていくということである。これらの活動を行うときに，人間は満足や充実を感じると述べている。

デシなど(1999)は内発的に動機づけられた活動を行うためには，以下の「自律性への欲求」，「有能さへの欲求」，「関係性への欲求」が必要であると述べている。

ⓐ「自律性への欲求」

自分の意思によって活動したいとする欲求である。そこには，自由な活動の選択が含まれている。活動に意味を感じることは，納得を促し，活動にもてる力を注ぎ込むことになる。

デシなど「人はみずから選択することによって，自分自身の行為の根拠を十分に意味づけることができる」，「特定の課題を遂行するように求められても，それをどうやるかにある程度の自由裁量が許されていれば，一人の独自性をもった人間として扱われなかった人よりも，その活動により熱心に取り組み，より楽しむのである」(邦訳，44頁)と述べている。

ⓑ「有能さへの欲求」

仕事を遂行する能力をもちたいとする欲求である。自由に活動が選択できたとしても，その活動ができなければ充実感や達成感を味わうことができない。

彼は「内発的動機づけがもたらす報酬は，楽しさと達成の感覚であり，それは人が自由に活動するとき自然に生じる。したがって，その仕事をこなす力があるという感覚は，内発的な満足の重要な側面である。うまくこなせるという感覚それ自体が，人に満足感をもたらす」(邦訳，87頁)といっている。

ⓒ「関係性への欲求」

「内在化」を支援してくれる周りの人と関係をもちたいとする欲求である。内在化とは，外部の価値観を自分のなかに取りこんで，自分自身がそれに合った規範や価値を身につけるように変化していく過程である。

彼は，「関係性への内発的な欲求に導かれて，人は集団の成員となる」(邦訳，141頁)，そして，この欲求が人びとの社会化を支えていて，自然に集団の価値や慣習を受け入れるようになると述べている。

3　成人の特性をいかした企業内教育の調査

¶ 調査対象

A社の職場外教育訓練で，人事部門（スタッフ部門）が企画し，従業員が必ず受講する集合研修とした。

クラントン（2005）の成人教育者の役割（図表2-2）を3タイプに分け，これ

図表2-2　成人教育者の役割

教育者の役割	教育方法
他者決定型	講義を主体とする教師中心型である。教育者の役割として専門的な情報提供や技術の習得方法を指導する。
自己決定型	学習者とのやりとりを中心とするファシリテーター型である。指示はなく，学習者がやりたいことを支援する。
相互決定型	学習者との相互関係を中心とする共同学習型である。

出所：クラントン著　三輪建治ほか訳（2005）『おとなの学びを拓く』鳳書房，94頁

図表2-3　成人の特性

受講前	受講中	受講後
(1)学習の準備 (2)学習理由を知る	(3)自己決定的 (4)経験が豊富 (5)即効性のある内容	(6)ふり返り
(7)内発的動機		

(筆者作成)

らを典型的に表す研修を選び出し，学習者にアンケート調査を行った。その後，各コースのフィールド調査を行い，学習者変容のきっかけである「気づき」を誘発する要因を発見する。

また，評価（満足度）が高い教育コースは，成人の特性（7項目）を適切にコースのなかで使用していると仮説を立てて検証していく。

成人の特性を受講前，受講中，受講後に分けて整理する。

¶ 職場外教育訓練アンケート調査

アンケート調査票はA4用紙1枚で，質問は目的関数としての①満足度と説明関数としての②学習者の理解度，③教材，④教え方，⑤教室などの環境，5問から構成される。質問は，5点リカート尺度による質問形式を採用した。また，研修に関する自由なコメント欄を設けた。

① 調査結果（定量―基本統計量の集計）

図表2-4 他者決定型（268件）

変数名	合計	平均	標準偏差
理解度	1040	3.88	0.76
教材	1000	3.73	0.82
教え方	1063	3.97	0.87
環境	966	3.60	0.78
満足度	1034	3.86	0.76

図表2-5 自己決定型（195件）

変数名	合計	平均	標準偏差
理解度	849	4.35	0.63
教材	778	3.99	0.84
教え方	820	4.21	0.76
環境	733	3.76	1.06
満足度	828	4.25	0.73

図表2-6 相互決定型（396件）

変数名	合計	平均	標準偏差
理解度	1713	4.33	0.68
教材	1675	4.23	0.79
教え方	1828	4.62	0.60
環境	1539	3.89	0.91
満足度	1796	4.54	0.62

満足度に対し母平均の差の検定を行い，差があることがわかった。

図表 2-7 母平均の差の検定

項目名	平均値差	統計量	0.5%点	2.5%点	P値	判定マーク
他己決定型	0.29	4.74	2.58	1.96	1.09E-06	[**]
自己決定型	0.68	12.09	2.58	1.96	0	[**]
相互決定型	0.39	5.53	2.58	1.96	1.57E-08	[**]

② 調査結果（定性分析）

アンケートのコメント欄を7つの成人の特性を使って整理した。
楽しい，おもしろい，安心，リラックスは内発的動機に分類した。

図表 2-8 他者決定型（教師中心型）

	成人の特性	アンケート内容
受講前	学習の準備	・すでに学習した内容だったので新しい事が学べなかった。
	学習理由を知る	・必須研修のガイド ・昇格要件のガイド
受講中	自己決定的	―
	経験が豊富	・聞く側の解釈力に依存する説明の仕方であった。
	即効性のある内容	―
受講後	ふり返り	―
全体	内発的動機	―
その他（講師）		・話があちこち飛ぶので，わかりにくい。 ・とてもわかりやすい説明でした。
その他（教材）		・時間に対してボリュームが大きい。 ・知識を体系的に学習できた。 ・概要がわかりやすくまとめられており理解しやすい。

図表2-9 自己決定型(ファシリテーター型)

	成人の特性	アンケート内容
受講前	学習の準備	・マネジメントを行うのは,先のことになりそうです。
	学習理由を知る	・必須研修のガイド ・昇級の必須研修だったため。
受講中	自己決定的	・よく気にかけてくださりアドバイスしていただけた。
	経験が豊富	・研修での失敗が,経験した内容に似ていた。 ・上司がケースと同じことをやっている。
	即効性のある内容	・似たような状況をよく見るので,活用していきたい。 ・研修の内容が業務に合っていたのでよく理解できた。
受講後	ふり返り	―
全体	内発的動機	・楽しみながら学ぶことができた。
その他(講師)		・質問に対して的確に答えていただいた。 ・ポイントを押さえた状況対応は参考になった。
その他(教材)		・意外とリアルなケースで面白かったです。 ・楽しく学べた。

図表2-10 相互決定型(共同学習型)

	成人の特性	アンケート内容
受講前	学習の準備	・早く受けたかった,ようやく受けられた。内容も満足した。
	学習理由を知る	・義務教育です。 ・有名で評判が良かったため。
受講中	自己決定的	―
	経験が豊富	・いろいろ体験しながら学ぶことができて良かったです。
	即効性のある内容	・会社生活のみでなく,日常生活の場でも役立ちそう。 ・直ぐに実践してみたい内容があり満足できる。

受講後	ふり返り	・いくつかの「気付き」があり実践してみようと考えた。 ・自分の反省すべき点がたくさん見つかりました。 ・今までと違う自分に出会えそうです。
全体	内発的動機	・おもしろく勉強ができました。 ・プレッシャーをかけられることなく安心して受けられた。
その他(講師)		・押し付けず,時には自分の経験で話され好感が持てる。 ・実体験を例にして語ってもらえたので説得力があった。
その他(教材)		・説明と演習がバランス良く盛り込まれていた。 ・映像による視覚効果は良かった。

③ 調査結果から主にわかったこと
- 他者決定型(教師中心型)は,講義時間が多いにもかかわらず,自己決定型や相互決定型に比べて,理解度が低かった。
- 教育者と学習者との関わりが,深いほど満足度が高かった。
- 他者決定型(教師中心型)では,表面的な知識の修得でとどまっていたのに対し,自己決定型や相互決定型では,経験をベースに知識をとらえ直していた。

¶ 職場外教育訓練のフィールド調査

① 他者決定型(教師中心型)

「テキスト1ページ当たり2分で進む内容に学習者はついていけない」,「午後になり居眠りをする人がでてきた」,「成人教育者は特に気にすることもなく講義を続けている」,「途中質問を促す場面もあったが,誰も質問しなかった」などの反応がみられた。

しかし,単位時間当たりの情報量は,自己決定型や相互決定型と比べ圧倒的に多い。

② 自己決定型（ファシリテーション型）

問題に対する討議は真剣であり，「終了時間を過ぎても演習を行っていた。」参加者は，他の学習者の経験に興味を示し，視野の広がりを感じたという反応もあった。

③ 相互決定型（共同学習型）

オリエンテーションで自主性をもつように促した。「上司に言われて，参加した人もいると思いますが，忙しい中せっかく参加するのだから，なにか1つでも2つでも自分の成長につながるものを持って帰って欲しい。そのために自主的に参加してください。」これにより，やる気のなさそうな参加者の態度に変化があり，教室の雰囲気が変わった。

次に，役割の確認を行った。「演習の答えはみずから見つけてください。私のほうから模範解答を出すことはありません。先生と生徒の関係ではなく，選手とコーチの関係だと思ってください。」

研修中の演習は，経験を問う質問が多かった。「あなたの職場ではどうですか」「最近の1～2週間のなかで体験した事柄を話してください」，「皆さんの日常業務のなかでの出来事を例として答えてください」などといっている。

その結果，研修中に成人教育者と学習者の間に良好な信頼関係を築く要因がみられた。

ⓐ 体験談を中心に話をしていた。失敗談も多い。
ⓑ 名札を見ながら名前で参加者を呼んでいた。
ⓒ 休み時間には必ず参加者に声をかけコミュニケーションを取っていた。

¶ 調査結果から判明したこと

① 成人の特性をいかした教育は，内発的動機を引き出す。

研修のなかに7つの成人の特性が存在するか確認した。成人の特性が，調査（定性）で確認できた数を比較した。

　　　他者決定型（3つ）　＜　自己決定型（6つ）　＝　相互決定型（6つ）

次に，定量分析より，満足度の平均を成人教育者の役割で比較した。

他者決定型（3.86）　＜　自己決定型（4.25）　＜　相互決定型（4.54）

　これらのデータより，成人の特性をいかした教育ほど満足度が高いのがわかる。また，定性分析より，自己決定型と相互決定型に内発的動機がみられた。外発的動機で参加した者の満足度が高いということは，研修中に内発的動機に変わってきたと考えられる。

　② ふり返りが確認できたのは，相互決定型である。

　個人の変容を導き出す「気づき」を誘発させるためには，デューイが述べているように，経験のふり返り（反省的思考）が必要である。

　定性分析からは，自己決定型にはふり返りが確認できなかったが，相互決定型ではふり返りが確認できた。この違いは，成人教育者の役割の違いにより生じている。

　自己決定型は学習者がやりたい内容をサポートする。つまり，ニーズは満たすが，ニーズの背景にある価値観を変えるのはむずかしい。一方，相互決定型は，学習者との共同学習型である。成人教育者が学習者の価値観に踏み入ることもできる。また，学習者のふり返りを支援することもできる。したがって，相互決定型のほうが，自己決定型に比べて気づきを誘発しやすいといえる。

　③ 信頼関係は，気づきを誘発する触媒になる。

　定性分析によると，相互決定型では，気づきが確認された。「いくつかの気づきがあり実践してみようと考えた」，「自分の反省すべき点がたくさん見つかりました」という。これらの回答（気づき）は，経験によって培われてきた個人特有の価値観を変容させ，行動を変える可能性をもっている。

　では，このような気づきを起こりやすくする条件はなんであろうか。これは，成人教育者に関するコメント（その他講師の欄）に確認できた。「押し付けず，時には自分の経験で話され，好感が持てる」とか，「実体験を例にして語ってもらえたので，説得力があった」との回答があった。

　この相互決定型からは「好感」，「説得力」という言葉が示すように，成人教育者と学習者の間に良好な信頼関係ができていた。

みずからの言葉で体験を話し，参加者とコミュニケーションを取っていくことによって，信頼を深めている。その結果，学習者は自己の価値観から離れた内容であっても，理解しようと努力する姿勢をみせるのだと考える。C・ロジャーズ（1972）は，「重要な意義のある学習の促進は，促進者と学習者との間の人格的な関係に存在する，ある態度の質にもとづくのであります」（邦訳，140頁）と述べている。

4　若干のインプリケーション

¶ 成人教育者による内発的動機の引き出し

大企業における職場外教育訓練を取り巻く関係者を成人教育者の観点から整理してみたい。

まず，人事部門（スタッフ）がある。企業の置かれている環境と企業の抱える資源であるヒューマン・リソースとの整合性をとっていくことが大切である。つまり，企業にとって望むべき組織行動を取っていく社員を育成するために，人事部門は職場外教育を設定する。社員は教育への参加を義務づけられる。

次に，学習者の上司（ライン）がいる。上司は部下の協力を得ながら企業における自分の役割を達成していくのであるから，当然部下の育成には責任を負うべきである。つまり，職場の管理者も人事部門と同様に職場外教育の主催者であるべきである。しかし，ピゴーズとマイヤーズ（1980）は「ラインは，より緊急性がある日常業務を優先させ，教育訓練プログラムを等閑するおそれがある」（邦訳，250頁）と述べている。

このような環境のなか，社員は外発的動機をもって参加してくる。

ロジャーズ（1968）は，内発的動機によって学習者が自分自身に責任をもつとき，「重要な意味のある学習が最大になる」とか，「受動的学習よりもはるかに効果的である」と述べている。したがって，成人教育者は，研修を通して，学習者を内発的動機に変えていく必要がある。

内発的動機を測る指標として，学習者の満足度があげられる。満足している

学習者は，積極的に研修に取り組み，多くの「気づき」を得て職場に帰る。また，学習者から研修の情報を得た人事部門や上司は，研修の価値を確認し，学習者の変容を積極的に支援する。

¶ 内発的動機を引き出す成人教育者の行動

そこで，学習者の内発的動機を引き出すために，成人教育者が研修で行うべきことを考えてみたい。

まず，研修の最初では，「受講する理由」を研修のなかで繰り返し説明していく必要がある。とりわけ，オリエンテーションのなかでていねいに説明する。学習者は外発的動機をもって参加してくる。そして，受講していることが間違いであることを証明したいと願っている。成人教育者は，企業を取り巻く環境から学習者が置かれている立場まで，本来，人事部門や上司が説明しなければならないことを，彼らに成り代わって説明しなければならない。

次に，研修中は，実務に即した内容を学習者の経験を使用しながら，学習者の意思で学ばせる。成人教育者が主導すると，内発性が薄らいでしまう。この時点で学習者を導くのは，教材である。成人教育者は学習者のレベルに合わせ，教材のなかに学習プロセスを埋め込んでおく。学習者との相互関係を築く場面では「ビジネスにおける意思決定には答えがない」ことを前提に学習者の発言はすべて受け止め，否定をしない。もし，発言内容にズレがあったとしても，他の学習者の発言をもとにして，本人に気づかせるようにする。

相互決定型のフィールド調査で確認できた，コミュニケーション方法（名前を呼ぶ，休み時間も声をかける，など）も，内発的動機を導き出す手段となる。

最後に，受講後のふり返りについてであるが，アンケート調査では相互学習型のなかだけに見受けられた。ふり返りから得られる気づきには，経験を前提とする考え方を壊すという働きがある。しかし，これまで構築してきた自分の考えを崩壊させるような大きな気づきが，受講直後にあるとは考えにくく，職場に帰って長い時間をかけ，「職場内教育訓練」（OJT）で気づき，崩壊，再構築の過程を踏むと考えられる。

したがって，この職場でのふり返りこそ，職場外教育訓練（Off-JT）と職場内教育訓練（OJT）をつなぐ行為であると考える。成人教育者は，学習者が職場に帰ってふり返りを行うために，研修の終盤に課題を出す必要がある。この課題とは，学習者の現在の実力では理解できないような内容を研修内で扱うということである。当然，学習者の満足度は下がる。理解できない内容が研修の最後に出てくるからである。しかし，学習者のモヤモヤした気持ちこそが，ボディブローを打たれたように，徐々に効いてきて，新たな発展の種になるのではないかと考えている。

　成人教育者は，最後の課題に向けて，学習者の満足度を高めておく必要がある。つまり，この時点までに内発的動機を高めておかなければ，最後の課題に挑戦する姿勢をみせないからである。

¶ 成人教育者の存在価値

　環境の変化を察知し，企業の戦略が作成される。その戦略を受けて職場外教育が行われる。もし学習者が，職場外教育を内発的動機によってとらえ，気づきを誘発できれば，個人の価値感と組織の価値観を適合させる可能性が出てくる。ここに，職場外教育の存在意義を見だすことができる。

　これらを踏まえて成人教育者の存在価値は，すでにデシの内発的動機づけのところで述べた，学習者が行う内在化の支援であると考える。学習者自身によって内在化が行われたとき，「人は，重要ではあるが少しもおもしろくない活動に対する責任を，進んで受け入れるようになる」とデシはいっている（1999, 邦訳，128頁）。

　成人教育者は，学習者の触媒である。内在化を誘い出す研修の実施が成人教育者の存在価値である。そして，成人の特性をいかした企業内教育の実施によって，内在化を誘い出すことが実現できると考える。

〈参考文献〉

Cranton, P.A. (1992) *Working with Adult Learner.*（三輪建治・入江直子・豊田千

代子訳〈2005〉『おとなの学びを拓く』鳳書房）
Deci, E.L.（1975）*Intrinsic Motivation.*（安藤延男・石田梅男訳〈1980〉『内発的動機づけ』誠信書房）
Deci, E.L. and R. Flaste（1995）*Why We Do What We Do.*（桜井茂男監訳〈1999〉『人を伸ばす力―内発と自律のすすめ』新曜社）
Dewey, J.（1916）*Democracy and Education.*（松野安男訳〈1975〉『民主主義と教育（下）』岩波文庫）
Dewey, J.（1938）*Experience and Education.*（市村尚久訳〈2004〉『経験と教育』講談社）
Dewey, J.（1933）*How We Think.*（植田清次訳〈1950〉『思考の方法』春秋社）
労働政策研究・研修機構編（1996）『企業内教育訓練と生産性向上に関する研究』
労働政策研究・研修機構編（2005）『個人のキャリアと職業能力形成―「進路追跡調査」35年間の軌跡―』
日本生涯教育学会編（1990）『生涯学習事典』東京書籍
Knowles, M.S.（1980）*The Modern Practice of Adult Education.*（堀薫夫・三輪建二監訳〈2002〉『成人教育の現代的実践』鳳書房）
Knowles, M.S., and Holton Ⅲ, E.F., and R.A. Swanson（2005）*The Adult Learner*, pp. 140-142.
Pigors, P. and C.A. Myers（1947）*Personnel administration.*（武澤信一・横山哲夫監訳〈1980〉『人事労務』マグロウヒル好学社）
麻生誠・堀薫夫編（2002）『生涯学習と自己実現』放送大学振興会
森五郎（1995）『現代日本人の人事労務管理』有斐閣
Lindeman, E.C.（1926）*The Meaning of Adult Education.*（堀薫夫訳〈1996〉『成人教育の意味』学文社）
Rogers, C.（1972）*Freedom to Learn.*（友田不二男編〈1972〉『創造への教育（上）』岩崎学術出版社）

第3章
トップマネジメントの教育と育成

1 はじめに

　ヒューマン・リソース・マネジメント（HRM）の分野においては，人材の条件，資質・能力はメインテーマである。とりわけ，リーダーシップやマネジメント能力が課題となる。

　条件，資質・能力などを並べた後どうするか。① そうした人材を獲得（採用，ヘッド・ハンティングなど外部から調達）する，② みずからそのような条件を満たし，資質・能力をもった人間になろうと努める，③ 組織として育成する，ということになる。

　① は人材つまりヒューマン・リソースの獲得戦略・戦術に発展する。そして ② の場合，リーダーシップやマネジメント分野の本を読んだりする，ビジネススクールに通うなど，意識のある人間は自分でリーダーシップのある人間，マネジメント能力のある人間になろうとする。これは客観的にとらえるならば，自発性の問題，内発的動機やモチベーション論に発展する。つまり，人はどのような場合に，自発的に動こうとし，みずから成長しようとするのであろうか，という問題である。

　①，② も不可欠で重要なテーマであるが，組織として人材を育成する，という ③ が，組織にとっては，順当な議論であろう。

　本章では，この組織として育成するテーマのなかでは，トップマネジメントの条件と育成について論ずることにする。組織においては，各成員それぞれが人材としてもっている質が重要である。組織が強いということは，成員一人ひ

とりが強いということでもある。だが，組織に対するトップマネジメントの重大さも明らかである。

そして，トップマネジメントを外部から獲得することも，ひとつの選択肢としてありうる。しかし，マネジメントする者をみずから育てるのも，組織の基本機能のひとつである。

一般に，"Make or Buy（自製か購買か）"で戦略を考える場合，自社にとってコアとなるものは，自製し，周辺とみなしうるものはアウトソースし，外部から購買するのが原則である。この原則からしても，トップマネジメントは"Make"，つまり自社で育成することが基本になる。

2　トップマネジメントの範囲

¶ 問題の認識

マネジメントといった場合，トップマネジメントをミドルマネジメントとロワーマネジメントと区別するか，いなか。実際のところ，この問題は必ずしも明確に論じられてきてはいない。

マネジメント一般を論じれば，トップ，ミドル以下にかかわらず，適用されることなのか，それともそこに差異はあるのか。完全に明確にはなっていないが，一方，折に触れ，その差異が意識され，論じられたりもする。つまり，根本的にマネジメントは共通であり，とくに階層によって区別する必要はない，と結論されているわけでもない。しかし，さりとて，トップマネジメントにはミドル以下とは決定的に異なるという性格がある，とされているわけでもない。要するに，あいまいで漠然としているのである。

このようにあいまいになっていること自体を"トップマネジメント問題"と呼びたい。トップマネジメントには，マネジメント一般と別立てにすべき特段の違いがあるのか，いなか。これが本章の議論のスタートである。

¶ あいまいな議論の事例

そこで，著名な経営学者の主張を取りあげてみよう。ミンツバーグ（Mintzberg) とドラッカー (Drucker) である。

　まず，ミンツバーグである。彼については 2006 年に『MBA が会社を滅ぼす』（原題 "*Managers not MBAs*" 2004）が翻訳され，話題となった。だが，まず彼の原点でもあり，そのものずばりの書名でもある『マネジャーの仕事』("*The Nature of Managerial Work*" 1974，邦訳 1993）をみてみよう。

　彼自身の研究は，5 人の経営者に張り付いて具体的にどのような職務活動を行ったかを緻密に観察（構造観察法とのこと）した結果がベースになっている。経営者というのは，トップマネジメントのことであるが，この書全体では他の研究者の研究も広範に利用し，マネジャー全般（マネジメント一般）について論じている。たとえば，以下のようにいう。

　「ビジネス界の上級および中間管理職たちの日誌研究，不良少年団のリーダー，病院経営者，および生産工程監督者などの観察，アメリカ大統領の執務記録の分析，職長の仕事から抽出した活動，最高経営責任者（会長や社長）の仕事についての構造化観察。以上の結果のすべてを統合することによってはじめて，マネジャーの仕事についての新しい見解をつくりあげるとともに，以下を中心とする，いくつかの主要な結論に到達することができる。

　(1) マネジャーの職務は驚くほど類似している。職長，社長，政府の管理職，およびその他のマネジャーの仕事は，10 の基本的役割と 6 つの特徴から記述できる。」（邦訳 1993，6-7 頁，傍線筆者）

　「組織のあらゆる階層でマネジャーには顕著な類似性がある。」そして，これは，職長，中間および上級管理職，そして経営者に対して行われた仕事活動の研究から得られたものである。また，「組織という言葉がマネジャーの公式権限に直属する単位をあらわしている」ということからマネジャーと組織が意味することは，「社長」と「会社」，「支店長」と「支店」あるいは「職長」と「職場」にもあてはまることになる。つまり，階層ごとにマネジャーの個別職名と組織名称が異なっているが，階層を越えた類似性のほうが重視されている。

　しかし，ミンツバーグは「マネジメントは階層にかかわらず共通の職務であ

る」と明快に断じているかというとそうでもない。別の箇所では階層による違いを強調する。「組織階層を下りるにつれ，職務は構造化され，『リアル・タイム』の役割がより重要性を帯び，いくつかの職務特性が顕著になってくる」(邦訳 1993, 178 頁) という。

そして，「筆者 (ミンツバーグ) は管理職務が組織階層によって本質的に異なるという主張の裏づけを，まだとっていないのだが，その志向性が違うということについては確かな証拠がある。特に下位層のマネジャーは，仕事の流れを維持しようということにより関心があるように思われる」(邦訳 1993, 179 頁) ともいう。

さらに，次のようにもいう。「筆者 (同) の経営者研究の五人とセイルズの下位から中間層のマネジャーを比較すると，次のことがわかる。経営者は，幅広い性質をもった戦略策定に活用するため実にさまざまな情報を収集しているのに対して，下位層のマネジャーは自分の組織単位の仕事の流れをきちんと維持するための情報を集めていた。たとえば，経営者が企業買収の交渉をしているとき，中間以下のマネジャーは注文品の発送期日について交渉していた」(邦訳 1993, 179-180 頁)。

以上のように，彼はトップマネジメントとミドルやロワーマネジメントの違いを強調している。だが，ここでの最後の引用について言えば，「企業買収の交渉」と「発送期日の交渉」といった具体的な職務がトップとミドルの間で違うのはむしろ当然の話である。

問題は，それぞれの具体的職務が本質的に異質の資質・能力を要請するかどうかである。どちらも交渉という点では変わりないのであって，ルーティン的な「発送期日の交渉」といった種類の経験を豊富に積み重ねて階層を登っていけば「企業買収の交渉」の資質・能力もおのずと備わるようになるのか，ということである。

結局，ミンツバーグは，どうだというのか。"結論的なセンテンス"を抜き出すと，以下のとおりである。「どの階層のマネジャーも共通の役割を，力点

を変えながら遂行しているという主張に要約できよう」(邦訳1993, 183頁)。

ここからするならば、彼の主張は、「マネジメントに階層による本質的差異はない。ただ、力点の置き所に違いが出る」ということであり、最終的に「マネジメントに階層によるちがいはない」に落ち着く。

だが、"結論的なセンテンス"と述べたように、これが論理構成上の結論として提出されたわけではない。共通—差異についての強調グラデーション(濃淡の遷移)が変化するなかの一部で、このセンテンスが出てきているにすぎない。

要するに、彼の主張は、あいまいなのである。

最近の『MBAが会社を滅ぼす』(2006)でも、トップマネジメントとミドルマネジメント以下で本質的差異はあるかについては、あいまいなままである。彼の提唱し実践しているマネジメント教育に対し、参加者からの賛辞が寄せられている。しかし、その参加者がその後、トップマネジメントに就き、その立場から彼のマネジメント教育が有効だといっているわけではなく、ミドルとしての職務がより効果的に遂行されるようになった、といっているにすぎない。

次に、ドラッカーの主張であるが、ミンツバーグはこのようにドラッカーを批判している。

「マネジャーはどの程度まで自分の仕事をコントロールできるのだろうか。ピーター・ドラッカーは次の解答に疑問を感じていないらしい。マネジャーには、部分の総和よりも大きい真の全体、つまり投入された資源の総計以上のものを産出する生産的な存在をつくり出すという仕事がある。これは、交響楽団の指揮者が、その努力とビジョンとリーダーシップによって、バラバラのままでは大きな雑音のあつまりでしかない個々の楽器のパートを、音楽という一つの生きた全体にまとめるという活動と同じである。しかし、指揮者には作曲者の楽譜があり、彼は単にその解釈をしているにすぎない。ところがマネジャーは、作曲家であると同時に指揮者なのだ。」(ミンツバーグ 邦訳1993, 80頁, ドラッカー 邦訳1993, (下) 230頁)

ここでのミンツバーグの批判は、マネジャーはオーケストラの指揮者のよう

にコントロール権をもったものではなく，逆に，さまざまな関係者の要望により動かされる人形劇の操り人形のような性格をもつ，ということにある。

しかし，ドラッカーも，トップマネジメントとミドルマネジメント以下の差異に関しては，ミンツバーグと同じくあいまいなままである。ミンツバーグの挙げたこのドラッカーの文章中の，"マネジャー"というのは，文意からして，トップマネジメントを指すようにも思える。しかし，階層を越えたすべてのマネジャーなのかは，はっきりしていない。

はっきりしないといっても，ドラッカーの場合，マネジメントは共通したものであるという考えが基調である。「社長から工場の現場管理者や事務主任に至るまで，経営管理者はすべて，明確な目標をもつ必要がある」（邦訳1996,（上）188頁）とか「機能や活動や地位やポストにかかわらず，あらゆる経営管理者が共通して行うべき仕事，経営管理者だけが行う仕事がある」（邦訳1996,（下）241頁）と述べている。

だが，ときに次のような文章も出てくる。

「人格や真摯さに欠ける者は，いかに知識があり才気があり仕事ができようとも，組織を腐敗させる。（中略）このことは，企業の<u>トップマネジメント</u>について<u>とくにいえる</u>。組織の文化は，<u>トップマネジメント</u>から形成されていくからである。

士気の高い組織は，<u>トップマネジメント</u>の士気が高い組織である。組織の文化が腐るのは，<u>トップ</u>が腐るからである。『木は梢からかれる』」（邦訳1996,（上）243頁。傍線筆者）

トップマネジメントについて特別に述べている。しかも非常に重大な点である。だが，「<u>とくにいえる</u>」とは「トップだけに限らずマネジメント一般にいえるが」という含意でもある。

CEOはまさにトップマネジメントであるが，これについて論じた第14章の「CEOと取締役会」（邦訳1996,（上）247-278頁）でさえ，そうである。ここでも，ミンツバーグと同様の展開がみられる。CEOの仕事が列挙されるが，

ミンツバーグにおける「発送期日の交渉」と「企業買収の交渉」のように，確かに具体的にCEOに特有の仕事であっても，ある意味，当然の内容である。しかし，そのことがミドルマネジメント以下と決定的に違う本質をもつのか論及されているわけではない。

トップマネジメントについて論述されても，「マネジメントは階層にかかわらず同一である」という基本フレームのなかで提示された場合，なんらかの"程度"の問題なのか，あえてトップマネジメントを取り上げる以上，特別のことを指摘したいのか，あいまいになる。

¶ トップマネジメント問題についての日本人の先行研究

今度は，日本人の著作からふたつを取りあげる。まず，齊藤毅憲の『現代の経営教育』である。1988年刊であるから，約20年前のものであるが，逆にいえば，トップマネジメント問題は古くから提起されていたことを示している。この文献がとくに興味深いのは，ファヨールという経営学のもっとも古典的な文献から，その後のサイモンや，現役（当時）のHOYA株式会社の経営者，鈴木哲夫の見解にも触れている点である。

以下，筆者の解釈も含めながら，要約的に示すことにする。

ファヨールの主張は明快であり，ミンツバーグやドラッカーとは一線を画している。経営者（トップマネジメント）と管理者（ミドルマネジメント以下）の間には，マネジメントの活動（計画化・組織化・命令・調整・統制（または評価）に至る一連の過程）が多いか，少ないかという量的な相違があるにすぎない。

マネジメントは経営者にも管理者にも同じ過程であり，管理者は経営者よりも非マネジメントの職能の比率が多いだけである。そして一連の過程を学習して，それに従って仕事をすれば有効なマネジメントが実践でき，その点では経営者も管理者もまったく同じである。したがって，経営者も管理者も同じようにして育てることができる。

齊藤は，これに対し異論を唱える。「経営者と管理者に求められる要件はファヨールが指摘しているようなこのような量的な多寡ではなく，質的に異な

性格をもっているとみるべきである」(齊藤 1988, 38頁)。そして，この立場に立つ見解を，第2次世界大戦後の西ドイツ経営学の革新に貢献したというグーテンベルク，経済組織内の意思決定行動による業績で1978年ノーベル経済学賞を受賞したサイモン，から援用している。

以下，順に要約する。まず，グーテンベルクによると，経営者は「真の管理決定」を行い，これに対して管理者はある特定の職能部門にのみかかわる「部門決定」を行う。真の管理決定とは，部門決定に対応する特定の職能部門ではなく，全社的なすべての職能部門にかかわっており，幅広い視野と経験を必要とし，企業の生存や発展を大きく制約する。

そして，サイモンの場合，経営者は意思決定のやり方が明確に決まっている「定型的（またはプログラム化された）意思決定」も行っているが，「非定形的（またはプログラム化されない）意思決定」に重点をおく必要がある。

これまでに経験したことのない意思決定は，現代のように環境が変化，流動化している状況のもとでは頻発する可能性が高い。このような意思決定はやり方も決まっておらず，それぞれを個別に取り扱わねばならない。これが非定形的意思決定で，経営者に特有なものである。

これをうけて齊藤は，「(前略)全社的な非定型的な意思決定を行うという経営者の要件とは，限定された定型的問題を主に解決しなければならない管理者のそれとは異なる」(齊藤 1988, 39頁)と要約する。

同時に，「しかし，これでは意思決定からみた要件だけであり，要件のすべてではない」(齊藤 1988, 39頁)と両者の限界を指摘し，それを埋めるべく，経営者独自の要件を，株式会社HOYA社長鈴木哲夫（日本経営教育学会関東部会報告1984年12月）発言から紹介している。

それは，以下のとおりである。

　①組織のトップとしてリーダーの役割を果たす。

　②企業の発展の方向をみずから決める。

　③企業を変革し，革新する。

次に，最近の著作からこの問題についてみてみたい。伊丹敬之『よき経営者の姿』(2007) である。題名から察せられるとおり，経営者論である。ただ結論をいうと，経営者＝トップマネジメント論であるが，特にミドルマネジメント以下と比較して，その特徴を際立たせたというものではない。だが，伊丹は，セミナーで講演者として招かれるたびに，演題がなんであれ終わりには必ず『しかし，経営者がいちばん大切で，かついちばん問題だ』と結んでいたという。したがって，そこから汲み取れるのは，ミドルマネジメントとの比較うんぬんだけでなく，企業においてトップマネジメントこそなににもまして重要である，という主張である。とくに伊丹のその痛烈な問題意識ならびに主張は，次の認識から発している。

「日本は，とくに90年代の日本は，深刻なトップマネジメントの危機を経験してきたと私は思う。『失われた10年』と揶揄される90年代の日本の低迷に対する責任のかなりの部分は，この時代に日本企業のトップの地位にいた人たちの器量の小ささにある，と私はかねてから主張してきた。」(伊丹2007，1-2頁)

この認識自体は，多くの人が共有しうるであろう。だが，伊丹は90年代トップマネジメントの危機の原因を90年代にトップマネジメントに立った世代の企業人としての時代経験に帰する。そして，彼らの10年前世代をトップマネジメントとしての器の大きかった世代，2006年前後にトップマネジメントに就いた世代を期待される世代とする。その論拠はすべて，過ごしてきた時代経験の解釈である。図表3-1でみてみよう。

時代状況と企業組織で過ごした立場によって，伊丹の考える経営者が育つ3つの条件（① 高い志，② 仕事の場の大きさ，③ 思索の場の深さ）に違いがでてしまい，それが90年代トップマネジメントに不利になった，というのである。

たとえば，90年代トップは，バブル期に役員として，「いわばいけいけドンドンを指揮していた」と表現する。しかし，それなら，10年前世代は「バブルをみこしのてっぺんに乗って扇ぎたてていた」とも表現できる。

"10年前世代"はバブルによって，空前の業績を上げた名経営者として引退

図表 3-1　トップマネジメントの世代と時代状況

その時の立場	若手社員	ミドルマネジメント	役員	社長（トップマネジメント）
10年前世代 （1923年生）	戦後復興期	高度成長期	オイルショック後混乱期	バブル期
90年代トップマネジメント （1933生）	高度成長期	オイルショック後混乱期	バブル期	バブル崩壊期
2006年新トップマネジメント （1947生）	オイルショック後混乱期	バブル期	バブル崩壊期	いざなぎ越え最長景気

出所：伊丹（2007）より筆者作成

したかもしれないが，実はトップマネジメントとしての無能を露呈することなく逃げ切ったのかもしれない。企業組織人として育つ過程では，90年代経営者こそ，オイルショック後の厳しい状況をミドルマネジメントとして現場の現実の労苦のまっただなかを最前線で陣頭指揮しながら乗り切った貴重な経験をした世代ということもできる。その"場"は，単純な拡張期より，深い思索の場を提供するのではないか。また，仕事の場の"大きさ"よりも"困難さ"の方が経営者が育つに必要な条件かもしれない。

"2006年新社長就任世代"も，解釈によっては，バブル崩壊の厳しい環境を「90年代経営者」の後ろで風圧を避けながら育った世代ということもできるかもしれない。

時代状況との関連でトップマネジメントを考えるならば，むしろ（90年代経営者の）10年前世代は本当にトップマネジメントとして"器が大きかった"のか，それともバブルに乗ったので，そのようにみえるのか，の検証こそ必要であろう。かれらが，90年代にトップマネジメントの任にあったら日本経済の失われた10年はなかったか。90年代経営者が80年代のトップマネジメント

だったら，21世紀は日本の世紀と思わせたような，はなばなしい日本の発展はなかったか。トップマネジメントの本質を考えるなら，「たら，れば」の要素はあるが，そういうスタンスの視角によって，分析する必要がある。

経てきた時代状況が人間に影響を与えることは，一面の事実である。また，人間の実績は時代状況とともにあることも厳然としている。だが，トップマネジメント問題を現象的な世代論で論ずることは本質的ではないし，有効ではない。かれらは，そういう時代状況で育ってきたから，器が小さい，かれらはそういう時代状況で育ってきたから優れている。しかし，これだけいって，なにか意味があるだろうか。

3 トップマネジメントの機能

¶ トップマネジメント理解のキーとなるミドル以下との対比

トップマネジメントを論ずるときには，ミドル以下との対比を論じることこそ有効である。なぜなら，階層組織（ヒエラルキー）においては，一般に下位のロワーマネジメント，ミドルマネジメントを経由して上位のトップマネジメントに就く。ファヨールのいうように，トップもミドルもそのプロセスに変わ

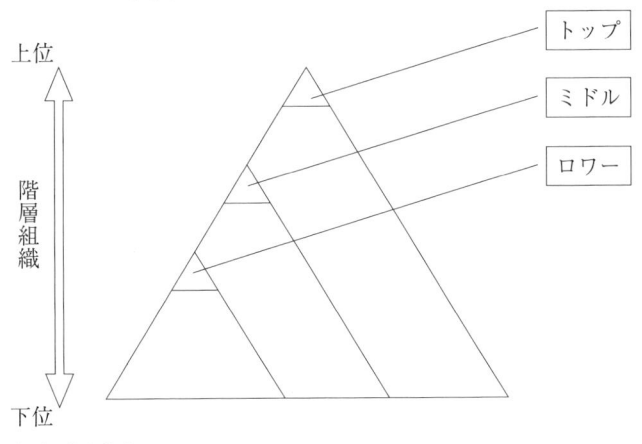

図表3-2　階層マネジメントの相似形

出所：筆者作成

るところがなければ，ミドルの経験を積めばトップになるのも可能ということになる。

そして，一般にはミドルマネジメントの実績が高い者がトップマネジメントにつく。この階層上昇プロセスでの経験値の増加とスクリーニングによって，トップマネジメントに必要な要件とそれに就く者の資質・能力のあいだの狂いは極小化されるはずである。

しかし，ミドルマネジメント以下とトップマネジメントが相似形（図表3-2参照）でない，つまり，ファヨールのいうような量的な多寡の問題でないとすれば，上記の考え方やシステムでは組織はうまく機能しないことになる。

¶ トップマネジメントの核心

トップマネジメントは，他のマネジメント（ミドルマネジメント，ロワーマネジメント）とは異質である。マネジメントとしての共通性もあるが，あえて"トップマネジメント"として取りあげる以上は，異質性を明確に認識することこそ重要である。そこで，ミンツバーグやドラッカーのようにあいまいにすべきではない。

その異質性は，前項で掲げた図表3-2でそのまま理解することができる。共通性については三角形が相似であることで示される。そして，三角形の形そのものは相似形であるが，相似形で示されるこの図表においても，異質な点もみてとることができる。それは，次の点である。

ロワーマネジメント，ミドルマネジメントに当たる三角形およびそのマネジメントする領域は全体が組織外に向き合い，曝されているわけではない。一部のみ外に向き合っているが，反面は組織の内側にある。そして，より上位の三角形に包摂されている。だが，トップマネジメントおよびそのマネジメントの領域は全体が組織外に向き合い，曝されている。また，その上位に包摂してくれるものは，もはやない。

これがトップマネジメントとミドルマネジメント以下の差異であり，トップマネジメントの核心とは，以下の2つである。

① 全体性
② 最終性

　ミドルマネジメント以下は，あくまでも組織の一部分のマネジメントである。これは，具体的には，失敗しても組織の他の部分，また，上位組織によるカバーがある，ということを意味する。また，上位組織から与えられた課題の解決という機能が強い。このことは，サイモンのいう定型的意思決定ということとかなり重なる。

　さらに基本的には，ミドル以下は部分の課題のみに専念することになる。状況の変化によって，部分の枠を越えたり，部分間の壁を破壊したうえで，部分どうしを貫徹したり，連結する機能は本来的にはもっていないのである。そもそも組織機能を部分に分けるのは，専門特化し，集中することで，効率性や精度をあげようとする意図があるからである。

　これに対し，トップは自動的に加算される部分の総計のうえに乗っているだけの存在ではない。部分の最良の統合を図ることで，全体の成果をあげることが機能である。どのように統合していくのか，統合の仕方にトップマネジメント機能の妙がある。また，どのように部分を分け，それをどう組み合わせたら全体がもっとも有効に機能するか，ということを含めてトップマネジメントの機能である。これは，組織改革を意味し，鈴木哲夫のいうところでは，③の「企業を変革し，革新する」にあたる。

　以上のように，全体を統合し，全体としての結果を出すことがトップマネジメントの機能である。ミドルマネジメントでも，たとえば，部であればいくつかの課を束ねており，その全体のマネジメント機能がある，という異論がありうる。しかし，それは，あくまでも相対的な全体性であり，この相対的な全体性というのは論理矛盾である。相対するものがあるなら，それは全体とはいえない。独立の単位における全体はひとつしかない。事業部なり，部なり，課なり，ミドルマネジメント，ロワーマネジメントのマネジメント単位はあくまでも部分なのである。

なお，マネジメントする対象の規模と，この全体性との関連性についても述べておこう。

　たとえば大企業の"課"が10人編成で，草創期ベンチャーや小企業が企業全体で5人のメンバーであったとする。この場合，大企業の"課"は部分であり，大企業の課長はミドルやロワーである。しかし，草創期ベンチャーや小企業の社長のほうはトップマネジメントである。したがって，トップと，ミドル以下の差異は規模の問題ではない。

　要するに，マネジメントの相似形をイメージしつつ，①全体性，と②最終性という条件，マネジメントする対象組織が全面的に外部に曝されているか，いなかを考える必要がある。慣用句「鶏口となるも牛後になるなかれ」の鶏口とはトップマネジメントのことで，牛後はロワーマネジメントのことである。トップの育成方法として，「出向で子会社トップを経験させること」が行われるのは，このことに基づいている。

　さて，もうひとつの最終性とは，どのようなことを意味しているのであろうか。それは，もはや他の部分や上位の単位にカバーされたり，サポートされることがいっさいない，ということを意味する。別のものに依存したり，支援を仰いだりすることはできない。責任や結果を自分以外のどこにももっていけないことが，まさにこの最終性である。そして，トップには，この最終性が特徴となる。

　したがって，全体性と最終性は同値の意味ももっている。しかし，全体性においては，全体を統合して成果を出す，という意味，最終性においてはさまざまな意思決定を負担する責任と結果に対する責任について，それ以上，それ以外に転嫁できない地点という，それぞれに独自の意味がある。

　このことを具体例にそくしてみてみよう。2000年代初め，ITバブル崩壊のころ，毎回恒例のように業績の下方修正を何度でも繰り返す大手IT企業があった。「そのことについてどう思うか」と経済誌記者に聞かれた，その企業の社長は，「こちらは業績目標を指示している。それをやらない社員が悪い」と

答えた。この社長は、社長というものを「目標指示を発信する」という機能だけをはたす、「社長という一部門」ととらえている。だが、社長（トップマネジメント）は一部門ではない。伊丹（2007）は、90年代以降の日本の長期低迷の責任のかなりの部分は、この時代の日本企業のトップの器量の小ささにある、とした。

だが、「器量の小ささ」というような漠とした概念では、問題をとらえられない。90年代以降の日本企業の衰勢はミドルマネジメントの意識、資質、能力しかない人間がトップの位置にいたため、と考えるべきなのである。そして、こうした問題把握は、トップの特性を、ミドル以下との対比においてまったく違う、ということを明確に認識することから、得ることができる。

4　トップマネジメント教育と育成

¶ 教育と育成

組織は、そのように重大で特異なトップマネジメントをどのようにして得ることができるのであろう。冒頭で述べたように、本章ではオーソドックスな"Make"つまり自製（自社育成）をとり扱うことにする。

さて、育成は、トップマネジメントになる前の人をトップマネジメントの要件を充たすように教育するプロセスであり、教育はこの育成と、現にトップマネジメントである人に対する教育の両方を意味する。

現にトップマネジメントである人については、トップマネジメントをチームで行っている場合の、チームの一員という意味と、最後のただひとりのトップという意味の両方がある。チームのメンバーの場合、最終的なただ一人のトップマネジメント育成という面がある。最終的なただ一人のトップマネジメント教育の場合は、自省のサポートという性格になる。そもそも自省すらできない人物が、トップマネジメントについた場合はミスキャストであり、組織は混乱、衰亡するであろう。

ワンマン経営の末期現象は、こうしたケースである。同じワンマンでも、す

ぐれた指導力で組織を盛運に導いている状態というのは，衆に卓越した能力ゆえに結果としてワンマンとなっている場合である。この場合，その卓越した能力のうちに，学習能力—すなわち，自省し，みずから学ぶ能力—も当然のことながら含まれている。

¶ 育成の考え方

育成の場合，対象はミドルおよび，チーム制トップマネジメントの場合の最終的なただ一人以外のチームメンバー，も対象になることもある。

前述したが，トップマネジメント特有の性格である，①全体性，②最終性を認識するのが，育成の内容になる。

全体性の意味するところは，すでに述べたように，全体は部分の拡張でもないし，単純な総和ではない，ということである。そこで，職能別組織（開発，生産，財務，営業など）であろうと，事業部制組織（それと同等の内容のカンパニー制含む）であろうと，全体のマネジメントは部分マネジメントの拡張ではないし，また部分の総計でもない。

ミドルマネジメントはふだん，そうした，部分のマネジメントを行っているわけであるから，トップマネジメントの育成プロセスでは，この全体性の認識と全体性のロジック，全体を統合するロジック，また，全体をひとつのものとして認識する感覚を養い，鍛錬することになる。

しかし，ミドルは，自分の部門のマネジメントを行っているだけでなく，他部門ともかかわっている。だが，それは多くは自部門の立場を主張し，おし通す行為である。そこで，自部門の立場を通すというなかで他の部門を理解し，受け入れるというものになりがちである。要するに，組織全体という観点は希薄なのである。一面，それによって各部門相互のチェック・アンド・バランスが効き，全体が最適化されるという効能もある。

だが，トップマネジメント育成において意識し，涵養されるべきは，そうしたかたちでの，自部門を中心にした他部門理解ではない。あくまでも全体を構成する部分としての，各部門の理解であり，全体を判断するという訓練が必要

なのである。

　最終性に関しては，このような全体の判断とその決断と実行が最終的なものである，ということで，心理的な自己シミュレーション（模擬実験）を行うということになる。したがって，ある程度のシミュレーションを試みるにしても，最終性に関しては，トップマネジメントとしてのOJT，実践を通じて成長する領域ということになろう。

　シミュレーションということは，何度でも繰り返すことができるということであり，最終性と根本的に相反するといわざるをえない。つまり，最終性については，現実での実践で修羅場をくぐりぬけていく以外にない。実際の経験を積んで成長する比重が非常に大きいのである。

5　おわりに

　ヒューマン・リソース・マネジメントにおいて，決定的なヒューマン・リソースとしての，トップマネジメントの根本的条件を論じた。その際に，ミドルマネジメント以下との比較において，それを明確化した。

　それは，トップマネジメントを自社で育成することを考える場合，その差異の認識が特に重要だからである。一般に，ロワー，ミドルと階層を通って，トップに就任する。そのため，もし，トップとミドル以下に決定的な差異があるにもかかわらず，それを認識しないとすると，ミドルとしては実績をあげたが，ミドルの資質・能力しかない人間がトップのポジションにつく可能性がある。

　そして，その結果，組織を劣化させ，組織の進むべき方向性を見失う危険性がある。ロワーやミドルの実績だけで示されない，トップの条件を認識し，育成の過程でその条件を開発する必要があるのである。ヒューマン・リソース・マネジメントの領域において，トップの要件を看過すると，組織の他の全メンバーの"人が生きない"ということになる。

　ミドル以下と比較した場合の，決定的に重要なトップの要件とは，①全体性，と，②最終性，であった。したがって，育成過程においても，この2要件の

開発，発達を意図した育成が必要になる。

　まず，①の全体性について述べよう。自分の部門の業務を円滑に効率よく処理する，これが常日頃ミドル以下に求められている仕事である。研修の場合でも，そのための部下とのコミュニケーションのとり方，などが内容となる例が多い。また，自部門以外の視野をもつ場合でも，自部門の業務遂行のための他部門との関係という視野の持ち方をする。

　だが，トップ育成という観点からは，自部門の業務でも，自部門のなかでどう処理するかではなく，全社的見地から業務遂行の仕方をどのように変革できるか，さらに，その時点で規定されている，それぞれの部門を前提にしないで，最良の事業内容を考え，それを実現するための組織構成を考えるなどの訓練が必要である。それを他社の実例を使ってやるのが，本来，ケースメソッドの趣旨といっていい。だが，ケースメソッドの弱点は，他社の過去事例ということで，みずからの経営課題とつながらず，そのケースディスカッションの場かぎりでの評論やゲームに堕する危険性があることである。

　それに対し，研修の場において，現下のみずからの問題を，正規の組織メンバーとは別のクロスファンクショナルなチームで行うのが，GEのワークアウトといえる。これらに，もうひとつ，自社ケースを使う，という方法を考えることができる。いずれの場合も，部門，階層の境界を越えた，全体的発想で取り組むことがポイントになる。

　②の最終性に関しても，こうした，全体性の訓練がなされていれば，組織の最終意思決定を下す重圧，そして，その結果責任を引き受ける準備も6割方はできているはずである。全体性と最終性は，同じことの別の表現という側面があるからである。残りは，実践の修羅場をくぐるほかはない。

〈主な参考文献〉
伊丹敬之（2007）『よき経営者の姿』日本経済新聞社出版局
齊藤毅憲（1988）『現代の経営教育』中央経済社

P.F. ドラッカー著　上田惇生訳（1996）『現代の経営（上）（下）』ダイヤモンド社
H. ミンツバーグ著　池村千秋訳（2006）『MBA が会社を滅ぼす』日経 BP 社
H. ミンツバーグ著　奥村哲史・須貝栄訳（1993）『マネジャーの仕事』白桃書房

第4章
問題解決を可能にする「受容力」の育成
―島津斉彬の事例から―

1 はじめに

　筆者は，50歳を過ぎてから，長年，経営していた会社の経営危機に直面した。この体験から問題解決力に関心をもつようになった。すると毎日多くの問題が発生している。個人では自殺問題，家庭では児童虐待や家庭内暴力，学校ではいじめ問題，企業では倒産や談合問題，国においても，教育，安全，少子高齢化，年金，財政など，さまざまな問題を抱えている。

　そこで筆者が考えたのは，現在の日本には問題解決力が低いのではないかということである。たとえば，自殺者についていえば，中高年で，経営に失敗し，家族からも見放され，借金地獄から逃れられず，かけがえのない命をみずからの手で絶つという自殺者もいる。

　本章では，人間や組織が存在するところでは問題があるが，それを解決するための問題解決力とそれを支える「受容力」の育成を検討することにした。また，事例となった島津斉彬（しまづなりあきら）には問題解決力があったことを知り，彼にこの根本的な問いを解く手がかりを見つけている。

2 「問題解決力」の意味

　人類の歴史は，問題解決のための思考や行動とともに始まったと考えられる。そして，時代とともに問題の量的増加と複雑化が進み，問題解決のための知識や経験が組織文化や学問として伝承されてきた。問題解決力については，さまざまな考え方があるが，本章では次のように定義し，その解明を試みることに

する。

① 問題解決力の考え方——同じ状況であっても，個人や組織は同じ行動をとるとはかぎらず，それぞれが解決の方法を選び，異なった行動をとることのほうが多い。また，問題解決に取りかかっても必ずしも問題が解決されるとは限らないし，その時点で最高の問題解決であったとしても，後にその評価がかわることもある。

そこで，ここでは問題解決力は，正しく問題が解決されたという狭義の意味ではなく，たとえ問題解決に失敗したとしても，それを解決するために思考をし，なんらかの行動を行おうとする一連の動きと考えることにする。つまり，それは「結果重視型」よりも「過程重視型」の考え方である。

② 問題解決と課題解決の区別——問題解決は課題解決と混同される場合もあり，実にあいまいな言葉である。そこで，地球環境問題を例にあげ説明すると，温暖化という問題がある。温暖化には，さまざまな原因があり，その解決は困難のように思われる。そこで，ひとつの原因と考えられるのがCO_2の増加である。そして，このCO_2をどのように削減するかというのが課題に相当する。また，CO_2問題ととらえた場合は，各国の数値目標の達成が課題となる。このように，問題を掘り下げて考えるなかで，その原因となるものの解決策が課題となる。

そこで，問題と課題の違いを，次のように区別する。

ⓐ 問題は，課題に比べてより大きい概念で，課題は問題の一部とする。

ⓑ 問題には問題発見と問題解決があり，課題には課題発見と課題解決がある。

ⓒ 問題解決の過程は，通常，問題発見→課題発見→課題解決→問題解決の順に行われると仮定する。

③ 問題と問題解決力の大きさ（平面的な影響）——問題解決力に対する評価は，問題の大きさや重要度によって異なる。

まず，問題には大きさがある。個人，企業，地域を例にとり，まとめる

図表 4-1　問題の大きさや重要性

	個　人	企　業	地　域
小	本　人	自　社	国　内
中	身内・家族・知人	取引先	極東アジア
大	他人・地域・社会	社　会	世界・地球

出所：筆者作成

と，図表4-1のとおりになる。

　これは，問題の影響の範囲で平面的な拡がりである。たとえば，個人の場合，本人だけの問題であれば小さく，問題が家族・他人・社会へと影響する場合には，問題はより大きいといえる。また，問題の大きさは，問題のもつ重要度や問題解決の難易度によっても左右される。問題解決の難易度についていえば，解決に必要な知識や技術，経験，そして時間や人員，費用などによって，問題の大きさがかわる。そして，問題解決力の大きさは，一般的にはこの問題の大きさに比例すると考えられる。

④ 問題解決力のレベル（階層的な影響）——これを社員教育のなかで仕事のやり方で考えたい。仕事ができるか，できないかは，やる気を別とすれば，仕事に対する問題解決力の有無である。そこで，仕事のレベルで問題解決力をレベル1からレベル3で表現する。

ⓐ レベル1とは，自分の仕事ができる。つまり，自分で問題解決ができるか，問題を解決しようとするレベルである。

ⓑ レベル2とは，自分の仕事ができるのはもちろんであるが，そのうえ，部下に仕事の指導をすることができる。つまり，自分で問題解決ができるだけでなく，部下に問題解決力を身につけさせることができるレベルである。

ⓒ レベル3とは，部下に仕事を指導するだけでなく，部下を指導することができる部下に育てる。つまり，問題解決力のある部下を育てられる部下

図表 4-2　問題解決力のレベル

レベル	家族	企業	職制
3	自分	創業者	経営者
2	子供	後継者（2代目）	中間管理者
1	孫	3代目	社員

出所：筆者作成

を育てるレベルである。

これを他の例で考えると，図表4-2のとおりになる。

　この図表にある自分，創業者，経営者は，レベル3の問題解決力があるというのではなく，その能力が必要であるという意味である。このように考えると，レベルは問題解決力の階層的な影響と考えることができる。

⑤ 問題解決力の「巧みさ」——問題解決力を測る尺度に巧みさがある。言葉をかえると，鮮やかさ，できばえのよさである。たとえば，小売業の接客サービスの例でいうと，新入社員にレジ係について教える場合，まず，最初に，その役割やレジ操作などの作業の手順を教え，それを正しく行えるようにする。次に，それらの一連の作業を正確に，早くできるようにする。さらに，最終段階では，できばえよく行えるようにする。

　つまり手ぎわよく，顧客に不愉快な感じを与えず，そして好印象が得られる接客態度である。このような問題解決の巧みさは，問題解決力を評価するひとつの尺度である。

以上のように定義したうえで，本章で次のような問題を解決する問題解決力を検討する。それは万人が日常茶飯事に出会い，単に選択肢を選択するだけのような問題や，日常の生活習慣やルール，宗教のような行動規範や組織文化に基づいて，判断し，行動するという程度の問題ではない。

　たとえば，ゲーム理論のゼロサムのようなどちらか一方が勝ち，もう一方が負けるという解決法ではなく，参加者の双方が納得のいくような問題解決力で

ある。そして，それは人間が幸福な状態でいることを「フロー」と定義したM. チクセントミハイ（Mihaly Csikszentmihalyi）がいう，普通の人には耐えられない状況を楽しんでいるようにみえる人びとの問題解決力でもある。

　要するに，個人においては自殺や殺人に至るような生死に関わるような問題，企業においては起業や倒産・廃業という組織の存続に関わるような問題の解決力の解明を本章では試みたい。

3　事例研究としての島津斉彬の集成館事業

¶ 集成館事業を取りあげた理由

　幕末から明治維新を経て，日本が近代化していく過程において，薩摩藩が大きな役割を果たし，その立役者として西郷隆盛や大久保利通などの存在はよく知られているところである。しかし，それらの人びとを見出した藩主，島津斉彬の働きについては，あまり知られていない。斉彬について，『概論　日本歴史』(佐々木潤之介ほか，2000) では，次のように記述されている。

「幕府はペリー来日とアメリカ大統領国書を朝廷に報告し，先例を破って諸大名や幕臣に国書への回答について意見を提出させた。幕府は朝廷や大名と協調してこの難局にあたろうとしたが，この措置は朝廷を現実政治の場に引きだしてその権威を高め，諸大名には幕政への発言の機会を与え，幕府の専制的政治運営を転換させる契機となった。また，幕府は越前藩主松平慶永，薩摩藩主島津斉彬，宇和島藩主伊達宗城らの協力もえながら，有能な幕臣を登用し，前水戸藩主徳川斉昭も幕政に参与させ，態勢強化をはかった。」(154頁)

　斉彬についての記述は，この一ヵ所にとどまっている。もちろん，薩摩藩の歴史研究では，斉彬の業績を評価するものもあるが，日本史での記述はきわめて限定的である。ましてグローバルな視点での研究は皆無といってよい。欧米列強国の開国要求に始まり，途中，公武合体や尊皇攘夷運動，討幕などを経て，明治維新につながる大転換において，さきの文献を読むかぎり，斉彬は始まりの一時期，数名の有力藩主のひとりとして，登場するにすぎない。

第4章　問題解決を可能にする「受容力」の育成　51

図表4－3　集成館全景

薩摩藩 藩主系図抜粋

25代 島津 重豪（しまづ しげひで）
⇓
26代 島津 斉宣（なりのぶ）
⇓
27代 島津 斉興（なりおき）
⇓
28代 島津 斉彬（なりあきら）

（筆者作成）

注：明治5（1872）年の鹿児島市磯地域の風景
　　手前から異人館・鹿児島紡績所・集成館
出所：尚集成館編（2003）49頁

　明治維新の意義についてドラッカーは，日本の成功は社会的なイノベーションであり，日本が開国に踏みきったのは，かつてのインドや19世紀の中国の轍を踏みたくなかったからである。要するに，属国化したり，植民地化されたくなかったからであり，西洋化されたくなかったからである。すなわち，西洋の侵入を食い止め，日本が日本でありつづけるために，西洋の武器を使うことであったと述べている。

　明治維新は，外国からも注目される日本が世界に誇る問題解決の成功事例である。そこで，問題解決力という視点から斉彬に焦点をあて，彼の行った集成館事業を事例研究することにした。

¶ 斉彬と集成館事業のプロフィール

　斉彬は1809年，父斉興と母周子（かねこ）の間に長男として生まれた。斉興にとって初めての子で，正室の長男ということから，将来の跡継ぎとして嘱望され，4歳のときに幕府に世子（跡継ぎ）として届けられる。普通，大名家では，世子

は遅くとも30代前半までに家督を継承するのが慣例であった。ところが，島津家のお家事情から藩主就任を危ぶむ危機も生まれたが，幕府老中阿部正弘らの働きもあり，1851年，28代藩主に就任した。

　藩主就任後，斉彬は直ちに集成館事業に取りかかり，1858年，49歳の時，急病に倒れた。斉彬は死ぬまぎわまで，日本の将来を憂い，「富国強兵」「殖産興業」のための政策をみずから先頭に立ち実現に努力した。そして，死後も薩摩藩士に影響を与え，薩摩藩が明治維新を推進する際にも，斉彬の法名から"順聖院様のご遺志"という言葉が，原動力になったと伝えられている。

　また，集成館事業は，斉彬が展開した西洋近代化産業プロジェクトで，具体的には，鹿児島城下の郊外にある磯別邸隣に反射炉の建造が始まったのを皮切りに，ガラス・製鉄・造船・紡績・窯業・通信・出版・農業に関する工場が次々に建造された。これらの工場群は，1857年「集成館」と命名され，最盛期で1,200人もの人が働いていたという。当時このような施設は，日本ではもちろんのこと，中国・朝鮮にもなかったため，視察に訪れる内外関係者も多かった。

　以上が，集成館で行われた事業の概略であるが，本章での集成館事業とは，斉彬の藩主在任期間のみならず，長い世子時代も含め，斉彬が抱いた志を実現するために行ったすべての象徴と位置づけている。

¶ 斉彬の問題解決力

　問題解決力の定義で，斉彬を整理すると次のようになる。

① 問題発見力——ほかにいたであろうが，斉彬は欧米列強による植民地化の危機に対して，海防対策を急がなければならないと考えた。また，幕府はもっとも詳しい情報を得ながら，その情報をいかすことができなかったのに対して，斉彬は独自ルートで情報を入手し，日本の植民地化という国家の危機に対して，正しい問題認識をもったことは，斉彬の問題発見力を示す一例である。

② 課題発見力——国家の存亡の危機に対して斉彬が考えたのは，「富国強兵

と「殖産興業」という課題発見である。富国強兵を例にあげると，西洋式砲術（高島流）に対して，幕府の方針は，諸藩が導入することを警戒し幕府で独占しようとしたのに対して，彼は有能な藩士たちを長崎の高島秋帆の塾に学ばせ，藩の流儀に指定し，国防力強化を図った。

③ 課題解決力——斉彬が「富国強兵」と「殖産興業」いう課題を解決するために考案したのが，集成館事業であり，藩主に就任すると，いち早く事業を推進した。これについて，鮫島志芽太（1985）は，「斉彬は砲艦を造るには鉄鋼，蒸気機関の理法と，それを支える窮理（物理）舎密（化学）の学を起こし，新しい産業を開発しなければならないと考え，1851年，藩主になってからは，蘭学者の知識を活用して，軍事，産業，教育の近代化をはかった」(3頁) と述べている。

④ 問題解決力——欧米列強国による植民地化の危機という問題発見に始まり，「富国強兵」「殖産興業」というスローガンにつながるという課題発見をした斉彬は，集成館事業を行い，なんども失敗を重ねながらも，いくつかの課題を解決していった。

ところが，藩主7年目の49歳のとき，問題解決の途中，急病に倒れ帰らぬ人となった。したがって，問題解決の結末としての明治新政府の誕生を，自分の目で見ることはできなかったものの，自分の志を西郷や大久保などの家臣に託したのである。

⑤ 問題解決力の大きさ——斉彬が集成館事業を行うにあたって考えたのが，「思無邪」（しむじゃ＝おもいよこしまなし）の思想である。思無邪とは，孔子が『論語』の「為政編第二」の中で語った言葉で，心情をありのままに表して，いつわり飾ることがないという意味である。斉彬は藩主になると「国の危機を憂え，自藩の利害を越えて，国を豊かにし，強くする」というビジョンで問題や課題を発見し，それらを解決するために集成館事業に着手したと考えられる。

それは，薩摩藩のためだけでなく，日本の将来や欧米列国にもかかわる，

まさに超特大級の問題解決である。しかも、余命がわずかであると考えると、集成館事業を実現する過程で、志の高い人材を育て、みずからがその礎になって志を託したということは、問題解決力のレベルが高かったことを示している。

⑥ 問題解決力の巧みさ——鎖国政策により外国からの情報入手がかぎられ、軍事関連の製造にはいちじるしい制限が設けられていた時代に、参勤交代で1年の約半分は江戸屋敷にて、他の大名と同じように藩主としての仕事を行いながら、わずか7年半の間に、製鉄、造船、大砲や銃の製造、火薬の製造、紡績、電気、通信、ガス灯、写真、出版、ガラス、陶器などの多様な事業を手掛けたという事実は、彼の問題解決力の巧みさを物語っている。

以上が、集成館事業と島津斉彬の問題解決力であるが、ここでひとつのキーワードが浮かびあがる。それは、彼が問題発見では日本を取り巻く状況を考慮し、課題発見では欧米の進んだ軍事力や技術を導入し、そして、課題解決である集成館事業を推進するために自藩の下級武士や他藩の人材を登用したということである。そして、彼のこの問題解決力の背景には「受容力」が関係しているのではないかと考えている。

4 「受容力」とはなにか

¶「受容力」の意味

会話や文章表現のなかで、「受け入れる」という意味の言葉をよく使用する。たとえば、納得・妥協・受諾・包容・感受・寛容・享受するなどである。そして、それぞれに意味合いが違い、使い分けしている。

それでは、受容というのは、どのような場合に使用するかということである。「受」は受け入れるということで、「容」は容器の容であることを考えると、より積極的に受け入れるということが容易にできる。

受容力を生む、受容体は、受容器（レセプター）といわれ、もともとは生理学や医学の専門用語である。立花隆 (1996) は『脳を極める——脳研究最前線』

のなかで,「受容体という概念そのものは,実は50年以上前に,イギリスのラングレーによって提唱されたものである。アマゾンのインディオが,狩猟に用いる矢に塗るクラーレという毒物がある。これにやられると,呼吸筋が麻痺し,呼吸が止まって死ぬ。クラーレがなぜ効くかを研究したラングレーは,運動神経の決まった場所にクラーレが結びつくと,運動神経が遮断されるからだと考え,その結びつく部分に受容体(レセプター)という名前を与えた。そして,毒物だけでなく,薬物も,同じように受容体と結びつくことによって,効能を発揮するのだろうと考えている。」(101頁)

このような受容体の働きを考えると,ただ単にものを入れるのではなく,なんらかの目的があるということがわかる。わかりやすい例で説明すると,鍵穴に鍵を入れて初めて開錠するという仕掛けに似ている。

また,それぞれの受容体は情報を受けると,与えられた役割を果たすために,次のアクションを行い,これが大きな流れとなり,より大きな目的が達成されるのである。つまり,受容体の受容力とは,いかに目的を達成するために受け入れるかという働きがある。そして,人体には神経細胞をはじめさまざまな受容体が存在し,生命の維持に大きな役割を果たしている。

¶ 斉彬の「受容力」

筆者は,集成館事業のことを知ったとき,それは斉彬の受容力が関係しているのではないかと考えた。そのきっかけは,斉彬が集成館事業を進めるにあたって,他藩の人や身分の低い下級武士も登用したという史実であり,これを検証する中で,問題解決力と受容力の結びつきが,大きく感じられた。斉彬が受容したと考えられる代表的な事例は,次の3つに分類される。

① 人——斉彬の人格形成に大きな影響を与えたと考えられる母周子や曽祖父重豪,そして,多くの師や友人の存在がある。また,外国の情報を得るために蘭学者を受け入れ,優れた知識や技術をもった他藩の人や,薩摩藩のなかにおいても,西郷隆盛を初め下級藩士も登用し,重責を担わせている。

② 知識や情報——問題を解決するためには,多くの知識や情報が必要になる。

5歳のころから読書・習字をはじめ，11，12歳のころには『四書』『五経』の素読を終え，17，18歳のころには中国の正史『二十一史』も通読していたといわれている。そして，鎖国のなかにありながら，薩摩藩独自の情報網を駆使し，外国の情報を積極的に受け入れていた。

③ 問題——わずか4歳にして次期藩主として，世子になるという自分の立場を受け入れていた。また，その立場にありながら薩摩藩の事情から，藩主になるまでの長い世子時代を耐え忍び，そして，当時の薩摩藩の立場と日本の置かれた状況という，さまざまな問題を正しく認識していたと考えられる。

¶　「受容力」の形成

　ひとりの人間が生まれ，育ち，そのなかでさまざまな体験を通じて人格が形成されるが，その過程には，多くの人間が関与するとともに，家庭環境や生活習慣，そして文化に至るまで，いろいろな要因があると考えられる。

　まず，斉彬の人格形成に最も影響を与えたと考えられるのが，母周子の存在である。彼女は17歳で島津家に嫁入りした。そして，持参した道具のなかに，たくさんの書籍が入っていたという。また，斉彬の養育について周子は，乳母を置くことを拒み，みずから乳を与え，おむつの取り換えはもちろん一切の養育をしたという。

　一見このことは，母親が自分の手で子どもを育てることは当たり前のように思えるが，当時の大名家の生活習慣からすると，これは注目すべきことである。周子が乳母に頼らず自分の手で育てた背景には，周子自身に子育てに対する知識や明確なポリシーがあったと考えられる。

　母乳に関しては，さまざまな研究が行われているが，成分や効用について解明されていない部分もある。山本高治郎は著書『母乳』のなかで次のようなことを述べている。

　胎生，哺乳を行う哺乳類の子どもは，母の体を出たあと，しばらくのあいだ母とともに過ごすように運命づけられている。母乳は，初乳に始まり，移行乳を経て成熟乳に変化するが，その成分組成に大きな差があり，新生児期に，乳

第4章　問題解決を可能にする「受容力」の育成　57

汁の組成が新生児にあわないものであったら，死に至ることもある。また，「母性愛」については，すべての女性が生得的にもっているのではなく，成母期に哺乳することによって点火する。

以上のことから，母乳が新生児と母性愛に与える影響は，きわめて大きく，母親に愛されることによって，子どもは人間を愛することを覚え，人間の受容力を高めるのである。

¶ 「受容力」の育成・開発

斉彬の人格形成と受容力を考えるときに，次の3つが重要である。ひとつは，曾祖父重豪の存在である。彼は11歳で家督を継承し，1833年に89歳で死去するまで藩政を牛耳ったが，斉彬をことのほかかわいがったことから，斉彬は重豪から帝王学を学んだと考えられる。具体的には，閉鎖的といわれた薩摩藩の改革や，海外の知識や情報の活用，そして，他藩や幕府との信頼関係の構築である。

ふたつ目は，薩摩藩家老，調所笑左衛門広郷（ずしょしょうざえもんひろさと）の存在である。調所は父親で，前藩主斉興の側近として，類いまれな政策実行能力を発揮し，薩摩藩の財政破綻に対する改革を成功に導いた立役者である。そして，この改革で築かれた財政基盤が結果的には集成館事業を可能にしたともいえる。また，調所は斉彬の藩主就任を遅れさせた張本人でもあるが，斉彬は調所の政策の多くを継承・発展させ，集成館事業に着手したと考えられる。

3つ目は，長い世子時代の体験である。4歳で次期藩主の立場が約束され，藩の内外から期待を一身に背負い，斉彬自身も自分の立場を早くから認識していた。ところが，藩の事情から，結果的に42歳まで藩主になれなかったという，長い世子時代を体験することになった。そして，この体験が斉彬の人格形成や受容力を育み，藩主就任後の問題解決力に大きな影響を与えた。

5 問題解決力のメカニズム

¶ 問題解決を可能にする3つの意識

さて，問題を解決するためには，当事者意識や危機意識さらに問題意識も重要であるといわれてきた。斉彬の意識について具体例を示し，問題解決力のメカニズムの説明に役立てることにする。

① 斉彬の「当事者意識」――当時の薩摩藩は，現在と違って沖縄や琉球地域もその支配下にあり，国の国防問題は自藩の問題であった。したがって，欧米列強による植民地化の危機は，まさに当事者のものであった。

② 斉彬の「危機意識」――当時の世界の動きと清国の状況から判断すれば，一刻の猶予もないという認識と，42歳まで藩主就任が遅れたことが重要なポイントである。つまり，時代の急と自身の余命の短さを考えれば，斉彬の危機意識がよりいっそう高められたものと考えられる。

③ 斉彬の「問題意識」――植民地化の危機に対して，幕府と斉彬の問題意識を比較してみると，幕府のほうがより正確，かつ多くの情報を得ていたにもかかわらず，問題の解決を先送りにしたのに対して，斉彬は問題の本質を正しく認識し，問題発見から始まる問題解決力を発揮している。

このように，問題解決を行うためには，問題の当事者であることを受け入れ，問題の危機の状況を受け入れ，問題の本質を受け入れるという受容力が重要である。そして，当事者意識，危機意識，問題意識は，問題解決力を加速させる重要な要素である。

¶ 問題解決力を高める失敗や感動体験

ガストン・バシュラール (Gaston Bachelard, 1969) は，『空間の詩学』で「人間は小さな問題をとくことによって，大きな問題をとく方法をまなぶ」(176頁) という考え方を述べている。問題解決力を高めるためには，知識を得たり，物事を経験することは確かに重要であるが，単なる知識の習得だけでは問題解決力は小さく，実際に体験することによって，問題解決力は高められるのである。

体験のなかには「成功体験」と「失敗体験」がある。成功体験は自信につながる反面，傲慢や驕り，慢心につながることもある。一方，失敗体験は，恐怖心が問題解決にマイナスにはたらく場合もあるが，この体験を受容することにより問題の早期発見につながり，問題解決力は高まると考えられる。

集成館事業を進めるなかでは，少ない情報や知識，経験から失敗の連続であったと想像される。一例をあげると，大型の鉄製砲鋳造の際，大量の鉄を溶かすために反射炉が造られたが，1号炉は，重量対策が不十分で傾いてしまった。このようなとき，斉彬は「佐賀藩でも18回も造り直したというぞ。はじめてのことじゃ。2回や3回の実験で成功するはずがない。西洋人も人なり，佐賀人も人なり，薩摩人も人なり，不可能の理はない。必ず成功するぞ」(鮫島，307頁)と，その失敗を受け入れていた。

そして，もうひとつ問題解決力を高める要素として，「感動体験」がある。人間が行動を起こす要因に，欲望や感動があり，そして，人間行動は，なんらかの問題解決と関係がある。そして，一般的にはなんらかの欲望を満たすために，行動をすることが多いが，その際，自分さえよければいいという解決は，もっとも低いレベル1の問題解決力である。

斉彬が集成館事業を手がけた理由のなかに感動体験があった。一例をあげると，彼は幼少のころからオランダを初めとする外国の技術や製品に触れる機会が多く，それらをみて感動し，その体験が集成館事業の実現の原動力になった。

また，彼の死後，薩摩藩士が明治維新と日本の近代化に大きく貢献したのは，斉彬の志と集成館事業を通じて得た感動体験が，彼らの行動の原動力になったと考えられる。そして，これらの事例は，問題解決力のレベルでいうと，明らかにレベル2以上である。

¶ 「受容力」の働き

問題解決の過程は問題発見から始まることを考えると，問題を解決するためには問題発見が特に重要である。最近，事故や問題を未然に防ぐために「センシング」(sensing)が重要であるといわれている。センシングとは感じ取る，感

知する，検知するという意味である。

　たとえば，自動車事故を防ぐために，高感度のセンサーを搭載し，万がいち運転者が前方不注意であっても障害物を発見し，警告を発するとともに速度を減速し，事故を未然に防ぐというものである。これを問題解決論でいうと，問題や課題の発見力の強化策である。

　このセンシングと問題解決の過程は，個人差はあるものの，本来人間にも備わっている。一例をあげると，視覚器である目の働きである。なにかものが飛んできたとき，それがどのようなもので，どれぐらいの速度で近づいてくるのか，受容体のひとつである目で，情報を受信し，神経細胞などを経由して脳まで伝達される。そして，脳のなかで情報処理と対応策が検討され，決定された解決策が運動神経へ伝達され，行動となって現れる。

　これらの一連の働きのなかでは，意識するかしないかにかかわらず，それぞれが問題を解決するために働いている。したがって，これらの過程のなかでひとつでも，受容体に受容力がない場合は，問題解決には至らないのである。

　また，みるという英語には"look"と"see"がある。lookはなにか目的とするものの方を見る動作をいうのに対して，seeはその目的とするものの状態がなにを意味しているか認識することである。つまり，多くの人が同じものをみたとしても，lookだけでは問題があってもその発見には至らない。そして，seeによって問題発見が可能になる。

　そして，日本語の「聞く」と「聴く」では違いがある。聞くは物音や話し声などの音が聞こえているということで，lookに近い。それに対して聴くは，耳を澄まして注意深く聴くことで，音や声に込められたわずかなニュアンスの違いやメッセージを聴き分けるので，問題発見の可能性が大きい。

　さらに，問題を発見するためには心を開くことも重要であるといわれてきた。心を閉ざすと相手の気もちを察することができず，問題発見や問題解決ができないという。

　このように，目を開き，耳を傾け，心を開くことは問題解決にとって重要な

図表4-4 「問題解決力」と「受容力」の関係

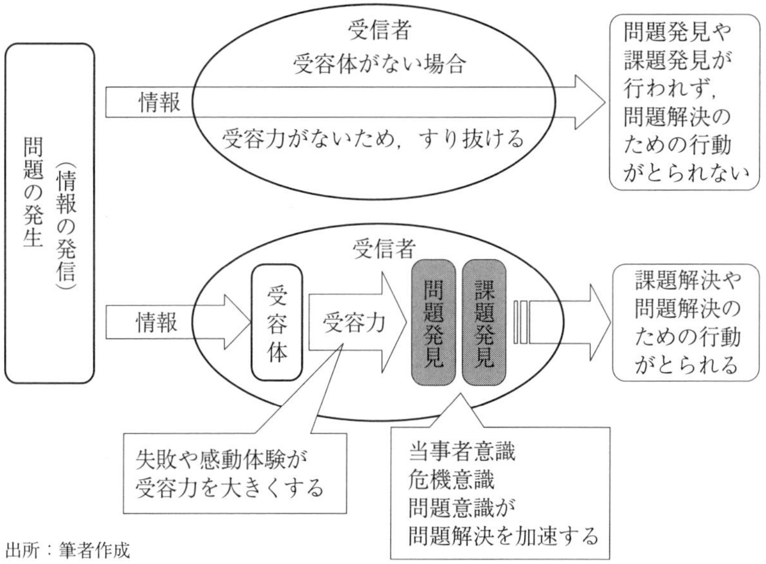

（図：問題の発生（情報の発信）から情報が発信され、上側の受信者は受容体がなく、受容力がないため、すり抜ける → 問題発見や課題発見が行われず、問題解決のための行動がとられない。下側の受信者は受容体があり、受容力が働き、問題発見・課題発見が行われ → 課題解決や問題解決のための行動がとられる。失敗や感動体験が受容力を大きくする。当事者意識、危機意識、問題意識が問題解決を加速する。）

出所：筆者作成

のである。

¶ 小括

これまで述べてきたことをまとめると，問題解決のメカニズムは，図表4-4のようになる。

まず，問題が発生した場合，なんらかの情報が発信される。上の受信者は受容力がないため，問題発見や課題発見が行われず，問題解決のための行動がとられない。これに対して，下の受信者の受容体は情報を受けとめ，受容力が働き，問題発見や課題発見が行われ，課題解決や問題解決のための行動がとられる。そして，受信者の失敗や感動体験が受容力を大きくし，当事者意識，危機意識，問題意識の強さが問題解決を加速すると考えられる。

6　おわりに

¶ 問題解決を可能にする「受容力」の育成

　問題解決力を生死や存続に関わるとしたが，言葉をかえると，それは生きる力でもある。家庭では子どもの問題解決力を育て，学校では問題解決力のある生徒を，企業においては問題解決力のある人材や次代を担うリーダーを育てなければならない。経営学における人的資源管理論では，経営者のリーダーシップが問われ，その問題解決力は重要なファクターである。

　リーダーシップ論には，組織のリーダーにはなにか特殊な能力が必要であるという考え方があるが，筆者はそのようには考えていない。むしろ，ここで述べた問題解決力で説明すると，組織のリーダーの問題解決のための意思決定の結果が，平面的にも階層的にも影響力が大きく，レベルの高く，巧みな問題解決力が問われるということである。

　ひとりの人間がリーダーの地位に就いたからといって，急に問題解決力がつくわけではなく，またそれを望むべきではない。まず，小さな問題解決から始まり，より大きくハイレベルで，巧みな問題解決力を，知識のみではなく，体験として身につける必要がある。そして，そのような人間がリーダーになるべきであり，それを可能にするためにも問題解決を可能にする受容力を育てることが重要である。

¶ 問題解決への「受容力」の活用

　現在，わが国にはさまざまな問題が存在している。島津斉彬が，もし生きているとするならば，なにを受容し，どのように問題を解決するか想像してみよう。

　グローバル化の推進ということで欧米の行動規範を受け入れることと，日本の独自性を守り，日本の利害を優先することとの間には，相反する面がある。しかし，もし仮に欧米の行動規範を受け入れ，世界の平和と発展を目指すということをビジョンにした場合は，相反しはしないのではないだろうか。

集成館事業のなかで斉彬は，思無邪の思想を活用し，「国の危機を憂え，自藩の利害を越えて，国を豊かにし，強くする」という考えから集成館事業に着手した。そこで，この考えを現在に当てはめると，「世界の危機を憂え，日本の利害を超えて，世界を豊かにし，世界平和の実現」というビジョンが考えられる。

　具体的には，日本が環境，資源，人口増，食糧問題，貧富の差などの地球規模の問題の解決に取り組み，軍事力に頼らないで，国力の維持と発展を行えば，世界中から日本の行動を認める国が増えると考えられる。また，斉彬は自藩よりも日本のためと考えたことで，結果的には薩摩ブランド構築をなしえたことを考えれば，日本の利害だけに囚われるより，世界のためという視点をビジョンとするならば，結果的に日本ブランドの構築につながるのではないだろうか。

　以上，われわれは，斉彬の問題解決力を学ぶと同時に，現在あるさまざまな問題を解決するための行動を起こさなければならない。そして，次代を担う有為な人材を育てなければならない。親は子どもに，教師は生徒に，地域のリーダーは住民に，経営者は社員に，組織のリーダーはメンバーに問題解決の見本を示し，問題解決力のある組織文化を後世に伝承しなければならない。

〈参考文献〉

シルヴィア・ナサー著　塩川　優訳（2002）『ビューティフル・マインド――天才数学者の絶望と奇跡』新潮社

M. チクセントミハイ著　今村浩明訳（1996）『フロー体験――喜びの現象学』世界思想社

佐々木潤之介・佐藤　信・中島三千男・藤田　覚・外園豊基・渡辺隆喜編（2000）『概論　日本歴史』吉川弘文館

P.F. ドラッカー著　上田惇生・佐々木実智男訳（1985）『イノベーションと企業家精神』ダイヤモンド社

鮫島志芽太（1985）『島津斉彬の全容――その意味空間と薩摩の特性』斯文堂

尚古集成館編（2003）『図録　薩摩のモノづくり――島津斉彬の集成館事業』尚古集成館

田村省三・松尾千歳・寺尾美保・前村智子（2003）『島津斉彬の挑戦――集成館事

業』尚古集成館
立花　隆（1996）『脳を極める——脳研究最前線』朝日新聞社
山本高治郎（1983）『母乳』岩波書店
ガストン・バシュラール著　岩村行雄訳（1969）『空間の詩学』思潮社
E.H. シャイン著　清水紀彦・浜田幸雄訳（1989）『組織文化とリーダーシップ』ダイヤモンド社

〈事例研究に関するインタビュー〉
島津興業株式会社　副会長　島津公保氏——島津斉彬の「思無邪」の思想
尚古集成館館長　田村省三氏——島津藩の歴史と独自の情報網の活用

第5章
感情コンピテンスアプローチの提言
―リーダーシップの源泉をめぐって―

1 はじめに

 とかくリーダーシップというコンセプトは不明瞭である。研究者ごとに異なり，また定説的な定義も存在しないかもしれない。これは，扱う対象，つまりリーダーシップが人間そのものであり，すなわち人間そのもののもつ神秘性や不確実性がその原因として考えられる。
 本章では，まずリーダーシップ論が硬直したパラダイムになっていることを検証し，古典的視座から転換することの必要性を主張する。そのうえで，心理学者のダニエル・ゴールマン[1] (D. Goleman) が主張している「感情コンピテンス理論」に立脚した新たなリーダーシップアプローチを提言する。そして，リーダーシップの発揮プロセスと，リーダーシップの源泉の存在を明らかにしていきたい。

2 リーダーシップ論のパラダイムシフト

¶ Hi-Hi パラダイムの限界

 リーダーシップ研究の初期に行われた特性論アプローチにおいて，リーダーは生来の資質に関わるものであるという前提から，リーダーと非リーダーとの差異を測定することに終始した。しかし，あらゆる測定法が開発され，データが提示されるようになると，それらの元来の前提は否定され，それとともに研究者のリーダーの特性への興味は薄れることになる。そして，研究者の関心は，リーダーの特性から，どんな行動をすることが有効性を発揮するのかというこ

とにシフトしている。これは，行動論というアプローチの登場である。

行動論というアプローチにおける数かずの実証実験と考察により，2つの糸目とか，次元が浮き上がってきた。その2つとは，「構造づくり」にかかわる軸と，「対人関係」にかかわる軸である。調査の行われた国，調査主体（大学など），調査対象のタイプが変わっても，たえずこの同種の2つの軸が繰り返し見出された。金井[2]は，これを「ロバスト（屈強）な2軸」とよび，その2軸の識別と効果は，迷わず信じてよいほど，簡単には崩れない頑強な結論であると述べている。

リーダーシップに関する2軸論の特徴は，以下の2点に求められる。特徴の第1点は，2つの軸でリーダーシップ行動が記述できることである。そして，第2点は，この両次元でハイスコアの人，いわゆる「Hi-Hi型」が，もっとも効果的に成果に繋がる形でリーダーシップを発揮しているということである。

しかしながら，なぜHi-Hi型あるいは，PM型（三隅二不二）や9.9型（ブレークとJ.S.モートン）が有効なのか，という理論的説明が十分になされているわけではない。これらの研究は，経験値的に確認できる当然の事実を確かめたに過ぎない。この種の命題は，業務や課題，人間関係どちらの軸かを問わず，あらゆるリーダー行動をとっているほどリーダーシップの有効性がすぐれていることを言明しているだけであると解釈することができる。

このように，理論が集約され，強固な意味をもつことは，研究過程の進化を示しているが，そもそも2軸への集約は研究を進めるために便宜的に行ったものであり，その後の体系化の強化は牽強付会的，つまりこじつけといってもよい。その結果として，リーダーシップ研究の発展の可能性を阻害しているとすれば，2軸の存在を否定的にとらえざるをえなくなる。

¶ リーダーシップ本質論の整理

リーダーシップの行動論アプローチの発展に伴う理論硬直化について批判を行った。そうなると，リーダーシップの本質とはなにか，というラジカルな疑問がわいてくる。そこで，その疑問に対する答えを探求すべく，リーダーシッ

プ研究に偉大な功績を残した，ウォーレン・ベニス，ジョン・P・コッター，ジョン・W・ガードナーの3名の研究者の主張の軸を整理したい。

①リーダーシップとは，組織を成功させる原動力である。活力と能力にあふれた組織をつくるには，組織のあるべきビジョンを開発し，それに向かって組織を変革させるリーダーシップが必要である[3]（ウォーレン・ベニス）。

ベニスによれば，新しいリーダーとは，人びとを行動への誘い，そしてリーダーに育て上げ，彼らリーダーを変革の推進者とすることができる人であるという。また，他に「あらゆる場面においてねじを巻くことこそリーダーシップである」とも言い換えている。

ベニスの主張する変革力に優れたリーダーとは，組織を現在から未来へ向けてかえ，組織をしかるべき未来像へと導くビジョンを構築し，従業員に力と意欲を吹き込み，組織に新しい文化と戦略を導くのである。そして，組織を成功させるためには，ビジョンづくりや変革のための推進力が必要であると主張しながらも，同時に従業員とのコミュニケーションや信頼の獲得の必要性を強調する。あわせて自分の素養を養うために，リーダー自身の自己鍛錬や学習の必要性に言及している。

②リーダーシップとは，ビジョンと戦略を作りあげる，戦略の遂行に向けてそれに関わる人びとを集結する，あるいは，ビジョンの実現を目指して人びとに対してエンパワーメントを行うなど，障害を乗り越えてでも実現する力のこと[4]（ジョン・P・コッター）。

コッターは，リーダーシップを「組織を動かす仕事」のありように大切な示唆を与えるテーマであるとしている。彼によれば，具体的にはまずリーダーの期待される役割には，変革を推進することであるという大前提が存在する。そして，変革を推進し，発展的に組織変革の端緒を開くために，戦略とビジョンを作りあげることが大切であり，重要なのはそれらを実行するために，あらゆる手段を尽くす力量がリーダーシップそのものだという。

さらに，変革の障害となるのは，人間関係に起因するものがほとんどであり，

ベニスと同様にリーダーには，対人関係のスキルや人間関係のマネジメントが重要であるとしている。

　③リーダーシップとは，個人あるいはリーダーチームが，リーダーやリーダーと部下が共有している目的を追求すべく，集団を誘導していくプロセスである[5]（ジョン・W・ガードナー）。

　ガードナーの研究調査の主なる目的は，リーダーシップでありながら，彼の本当の関心は「集団目的をいかにして達成するか」である。つまり，この集団目的を達成するために，決定的な重要性をもつのがリーダーシップであるとしている。

　ガードナーによれば，いかなる集団においても，その構成員である各個人はさまざまに異なった役割を果たしており，そのような役割のひとつが，リーダーのものなのである。リーダーは集団を規定すると同時に，集団によって規定されているという言葉に，彼のリーダーシップの本質論の骨幹を把捉できる。また，リーダーシップを発揮するプロセスは，強制とは区別されるものであり，また強制の度合いの少ないリーダーシップがよりすぐれたものである。

　以上の3人の主張をまとめると，「リーダーは，集団目的を達成するために，対人関係のマネジメントを行うことにより，リーダーシップを発揮する」という共通した視点を見出すことができる。つまり，リーダーとフォロワーの相互作用は「対人関係のマネジメント」と呼称できる。

　そして，リーダーとフォロワーとの間には，「相互信頼関係」が絶対条件であり，さまざまなリーダーの行動によるフォロアーとのインタラクティブな交流は，相互信頼関係を得るためのプロセスと理解することができる。

　つまり，リーダーシップの発揮とは，組織目標を達成するために，さまざまなリーダーシップ行動を行いながら，信頼関係を醸成させることであり，それこそが「対人関係のマネジメント」にほかならない。このことから，ここでいう対人関係のマネジメントが高度に醸成されている場合にリーダーシップの有効性が発揮されることになる。

¶ リーダーシップ論のパラダイムシフト

　リーダーシップの本質論を整理したが，それにより目にはみえないものの，確かに存在するリーダーシップの輪郭が顕在化しつつある。そして，前述での議論に立脚しつつ，Hi-Hi パラダイムを構成するロバストな2軸を構成する「構造づくり」と「配慮活動」をもう一度眺めてみると，これらの2軸は，前項の「対人関係のマネジメント」のなかに織りこまれていることがわかる。

　加えて，「構造づくり」と「配慮活動（対人関係）」それぞれの行動は，単独で存在するものではなく，相互補完的なのである。つまり，対人関係のマネジメントが高度に醸成されている場合には，「構造づくり」と「配慮活動」がともに発揮されているのである。そして，Hi-Hi パラダイムにおける欠陥とは，文字どおり2軸の視点しかなく，リーダーシップ行動における，ある側面を抽出して評価したにすぎないことがわかってくる。

　さらに，本質論に立脚すれば，リーダーシップを2軸で語ることの意味の欠落を認識せざるをえなくなる。理論体系化そのものは貴重であるが，体系化がなされてしまった後には，なかなか研究上のブレイクスルーが生じにくくなるも。実際のビジネスの現場では，慢性的な「リーダー不在」に頭を悩ませ，リーダーを作りあげることに積極的に投資を行おうとしている。そこで必要なのは，リーダーか，非リーダーかを識別する検査用紙ではなく，リーダーそのものである。

　いまこそ，既存のパラダイムを脱して，「答え」を求めなければならないと考える。

3　感情コンピテンス（EQ）理論

¶ ビジネスの成果と感情コンピテンス（EQ）の関係

　これまでビジネスの世界では，「IQ (Intelligence Quotient) が高いということが成功の条件である」と信じられてきた。この神話に対して，EQ理論の提唱者であるダニエル・ゴールマンは，「IQは専門分野へ参画するための前提条件

でしかない。各専門分野で活躍している人たちは、すべてこの前提条件をクリアしている。そこで、各専門分野で卓越した業績達成者になるためには、豊かな EQ (Emotional Intelligence Quotient) を備えていなければならない[6]」と主張する。

ゴールマンらの調査結果により、EQ はリーダーシップの必須条件であることが明らかになった[7]。企業現場における EQ 機能を中心に調査を進め、さらに卓越した業績を上げている人たちを調査した結果、各専門分野での成功には、この EQ が実に 80 から 90 パーセント、IQ がわずか 10 から 20 パーセントの貢献をしている、という[8]。

¶ 感情コンピテンスの構造

ゴールマンによれば、「感情コンピテンス (Emotional Competence) とは、EQ に立脚してすでに学習・習得された能力であり、仕事を行ううえで優れた業績を生む能力」である。このコンピテンスの中核には図表5-1に示すとおり2つの能力、つまり「他人の感情を読む能力」(共感性) と、他人の感情を芸術的に処理する「社会的スキル」が含まれている。

感情コンピテンスは、大きく5つの EQ 因子に立脚する実際的なスキルを学習する際の潜在能力を示唆する[9]。すなわち、自己認識、自己統制、モチベーション、共感性、社会的スキルの5つである。

さまざまな感情コンピテンスは、ある共通のベースとなる EQ に基づいて、グループに分けることができる。ここで、そのベースとなる EQ は、実際の職場で成功するために必要とされるコンピテンスを修得しようと願う場合には、不可欠の要件となる。

たとえば、ある人物が社会的スキルに欠けている場合には、ほかの人たちを説得したり、鼓舞することができず、あるいはチームを統率し、変革をうながすこともできない。さらに、ある人物がみずからをしっかり認識できていない場合には、自らの長所に対する信念から生まれてくる自己確信も築きえないことになる。

図表 5-1 感情コンピテンスの構造

個人的コンピテンス

われわれが自分自身をどう経営するかを決定するコンピテンス

自己認識因子

- 「感情の理解」感情コンピテンス:自分自身の感情とその影響を理解する。
- 「正確な自己評価」感情コンピテンス:自身の強み,弱みを理解する。
- 「自己確信」感情コンピテンス:自分の価値と能力に対する強力な自信。

自己統制因子

- 「自己コントロール」感情コンピテンス:破壊的な感情や衝動を監視する。
- 「信頼性」感情コンピテンス:誠実性と統合性の基準を保持する。
- 「誠実性」感情コンピテンス:自らの業績に対して責任を担う。
- 「適応性」感情コンピテンス:変化に柔軟に対応する。
- 「イノベーション」感情コンピテンス:新規なアイディア,方法,情報を積極的に活用する。

モチベーション因子

- 「達成意欲」感情コンピテンス:向上を目指す意欲,卓越レベルを達成する意欲。
- 「コミットメント」感情コンピテンス:グループまたは組織のゴールに自らのゴールを適合させる。
- 「率先行動」感情コンピテンス:機会を活かす行動を積極的に進める。
- 「楽観的見方」感情コンピテンス:障害や問題にめげず,ゴールをねばり強く追求する。

社会的コンピテンス

われわれがいかに諸関係を処理するかを決定するコンピテンス

共感性因子

- 「ほかの人を理解する」感情コンピテンス:ほかの人の感情と考え方を感じとり,彼らの関心に積極的な興味を示す。
- 「ほかの人を育てる」感情コンピテンス:ほかの人の開発ニーズを理解し,その能力を開発する。
- 「サービス重視」感情コンピテンス:顧客のニーズを予測し,認識し,満足させる。
- 「多様性を活かす」感情コンピテンス:さまざまな種類の人材を通じて機会を読みとる。
- 「政治の理解」感情コンピテンス:グループ内の感情的流れとパワー関係を読み取る。

社会的スキル因子

- 「影響を及ぼす」感情コンピテンス:説得のための効果的な方法を生む。
- 「コミュニケーション」感情コンピテンス:オープンに他人に耳を傾け,説得力のあるメッセージを送る。
- 「対立マネジメント」感情コンピテンス:意見不一致を交渉し,解決する。
- 「リーダーシップ」感情コンピテンス:個人やグループを鼓舞し,ガイドする。
- 「変革の触媒者」感情コンピテンス:変革を開始し,マネジする。
- 「連帯を築く」感情コンピテンス:相互支援的な関係を育てる。
- 「協調と協力」感情コンピテンス:共通のゴールに向けてほかの人たちと一緒に仕事を進める。
- 「チーム能力」感情コンピテンス:チーム全体のゴールを追求するためにグループとしてのシナジー(相乗効果)を生む。

出所:ダニエル・ゴールマン著 梅津祐良訳(2000)『ビジネスEQ』東洋経済新報社 42-43頁

¶ 感情コンピテンス理論の主な特徴

ゴールマンは，感情コンピテンスの特徴を以下のようにまとめている。まず第1に，それぞれが独立していることである。これらは，それぞれが職務実績に独自の貢献を行う。第2は，相互依存的である。それぞれの因子がときに強く関連しあいながら，ほかの能力のいくつかに依存している。

そして第3に，階層構造を形成していくことである。感情コンピテンスは，お互いに積み重なったかたちで構築されている。たとえば自己認識因子は自己統制因子と共感力因子にとって不可欠なベースとなる。さらに，自己統制因子と自己意識因子はモチベーション因子に貢献する。そして，これらの4つの感情コンピテンスすべてが社会的スキル因子として発揮される。

第4に，必要条件であっても十分条件ではないことである。つまり基盤となるEQを備えていても，人びとが協調やリーダーシップといったEQに付随したコンピテンスを伸ばし，発揮するとはかぎらないのである。組織の風土，その個人の職務に対する興味といった要因が，コンピテンスが発揮されるか否かを決定している。

第5に，包括的であるということである。これは，感情コンピテンスの共通リストがすべての職務にある程度まで適用可能であることを示している。しかし，それぞれの職務では，それぞれに異なったコンピテンスの組み合わせが要求されるのである。

¶ 自己認識を基底とした階層構造

さて，自己認識因子は，すべてのEQのベースとなるもっとも重要なものである。われわれの行動がどのような影響を及ぼしているかを認識する能力は，基本的かつ重要なEQ因子である。残る4つのEQ因子は，この自己認識因子を基底として，図表5-2に示すように，階層構造をなしている。

EQの基底となるこの能力に欠ける場合には，たとえば感情により思考がかき乱され，自分を見失う危険にさらされることになる。したがって，この能力は，それぞれの職務上の業績のためにみずからを適合させるだけでなく，さら

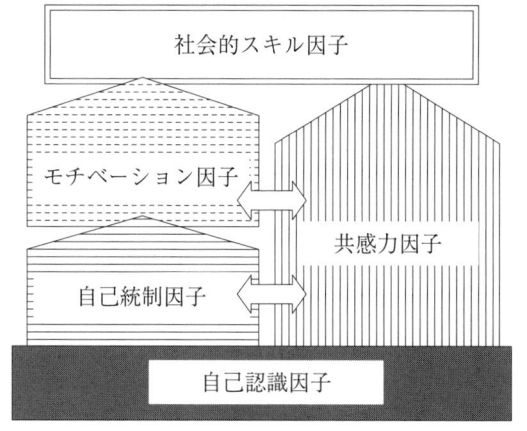

第5章 感情コンピテンスアプローチの提言　73

図表5-2　感情コンピテンスの階層構造モデル

```
┌─────────────────────────────────┐
│         社会的スキル因子          │
└─────────────────────────────────┘
  ┌──────────────┐ ┌──────────────┐
  │ モチベーション因子│ │              │
  └──────────────┘ │   共感力因子   │
  ┌──────────────┐ │              │
  │  自己統制因子  │ │              │
  └──────────────┘ └──────────────┘
┌─────────────────────────────────┐
│         自己認識因子             │
└─────────────────────────────────┘
```

出所：ダニエル・ゴールマン（2000）　41頁より筆者作成

に特にリーダーシップやチームワークに不可欠な，対人関係的なスキルを向上させていく際に有効なものである[10]。このスキルは，「心の方向舵」ともよばれ，焦点を絞り込むための能力ともいえる。

　そして，この自己認識因子に基づき，自己統制因子と共感力因子が効果を発揮することになる。自己統制とは，自己の感情のコントロールを司るEQ因子である。そして，自己のいまの感情の状態を把握できなければ，その制御は不可能であることを考えれば，自己認識に基づく能力であることは容易に理解できる。

　また，共感性を生む前提条件とは，みずからの体の中では，とくに腹の底で感じ取感情からの信号を読みとる自己認識因子にほかならない[11]。ほかの人がそれを言葉にしなくとも，その人がどのように感じているかを感得する能力こそ，共感力の中核をなす能力である。

　しかしながら，ほかの人たちが自分の感じていることを言葉で表すことはむしろまれであり，ほとんどの場合，その音声，顔の表情，その他の非言語的な手段を通じて感情を表明する。このような微妙な心の動きの伝達を感じとる能

力は，自己認識の発揮のうえに築きあげられるものである。もちろん，共感力を発揮するためには，自己統制といった基本的コンピテンスにさらに相互に影響を与え合うことになる。

われわれの「内なる動因」とよばれるモチベーションは，その動因の源泉は脳内物質に影響を受けていることがわかってきた[12]が，その内実は実は解明されていない。しかし，自分の求めている機会の方向に向けてわれわれの認識を導くことであると理解され，これも自己認識と密接な関係がある。

また，不確実な目標に対して自分をモチベートさせていくためには，感情のコントロールすなわち自己統制は必要不可欠である。くわえて，自己統制に含まれる「信頼性」と「誠実さ」は，モチベーションに大きく貢献することが認められる。

このように，自己認識因子を基点にして，自己統制因子とモチベーション因子，そして共感性因子の発揮を援助するという構造の最上位に「社会的スキル因子」が成り立っている。つまり，前述のように社会的スキルは，EQのほかの因子の頂点にあるともいえる。自分の感情を理解し，コントロールして，他者の感情に共感できれば，非常に効果的に人間関係もマネジメントできるであろう。動機づけによっても社会的スキルは高まる。要するに，社会的スキルは，他のEQの因子がもたらす結果なのである。

4　リーダーシップ発揮プロセス

¶ 感情コンピテンスとリーダー行動（LBDQ-XⅡ）の比較

図表5-3は，25の感情コンピテンスが発揮された結果として具体的にアクションとして行われると思われるリーダー行動を推量したものである。縦軸がEQの5つの因子と25の感情コンピテンス，横軸がリーダー行動の代表的指標として扱われるLBDQ-XⅡのフルスケール項目[13]である。

各感情コンピテンスが発揮されることにより，具体的に行動に表れると推測されるリーダー行動項目については"○（マル）"印をつけた。この評価は，

第5章　感情コンピテンスアプローチの提言

図表5-3　感情コンピテンスとリーダー行動（LBDQ-XⅡ フルスケール）の比較

5因子と25の感情コンピテンス / リーダー行動の代表的な指標	代表	対立的要請の調整	不確実性への耐性	説得力	構造作り	自由の許容	役割の堅持	配慮	業績の強調	先見性	統合	上方志向
自己認識												
1　感情の理解												
2　正確な自己評価												
3　自己確信				○	○							
自己統制												
4　自己コントロール		○						○				
5　信頼性											○	
6　誠実性					○	○						
7　適応性		○					○					
8　イノベーション												
モチベーション												
9　達成意欲		○										
10　コミットメント												
11　率先行動										○		
12　楽観的見方							○					
共感性												
13　ほかの人を理解する								○				○
14　ほかの人を育てる							○					
15　サービス重視							○					
16　多様性を生かす												
17　政治の理解		○									○	○
社会的スキル												
18　影響を及ぼす		○		○	○			○			○	○
19　コミュニケーション		○		○	○						○	○
20　対立マネジメント		○	○	○	○					○		
21　リーダーシップ	○					○	○		○		○	
22　変革の触媒者	○		○							○		
23　連帯を築く					○			○			○	
24　強調と協力						○					○	
25　チーム能力					○	○	○				○	

出所：筆者作成（2005）

筆者のEQプロファイラーとして実務において経験した知見などを生かして行っている。

さて，図表5-3によりわかることの第1点として，社会的スキル因子に横軸の12元すべてのリーダー行動が網羅されていることである。ここからわかることは，リーダーシップ論のなかで，これまで「リーダーシップ行動」といわれていた現象は，すなわち感情コンピテンス理論でいう「社会的スキル」を発揮した結果の発現行動であるということである。換言すれば，感情コンピテンス理論における社会的スキルの発揮は，リーダーシップの有効性の発揮であると仮定できそうである。

第2点としては，共感性や社会的スキルといった社会的コンピテンスと比較すると，自己認識，自己統制，モチベーションという個人的コンピテンスには，そこから直接的に推測されるリーダー行動は少ない。

ここからわかることは，まず第1に「いわゆるリーダー行動は目に見える観察可能な行動を示している」ということを確認できることであり，加えてLB-DQ-XⅡの12次元が示すリーダーシップ行動とは，一連のプロセスのなかで最終的に表出化された状況を説明するものであり，同時に客観的に観察することのできないリーダーシッププロセスがその前段階において存在していることを示しているのである。

そして，第3に，個人的コンピテンスを中心としたそれら客観的に観察することのできないプロセスの存在は，感情コンピテンス理論において信頼関係を醸成させる重要なプロセスであり，リーダーシップの有効性を発揮させるためには必要な鍵となる。

第4点は，行動論のアプローチにおける「構造づくり」と「配慮」の2軸は，感情コンピテンス理論の観点からみると極端には集中をしていない。感情コンピテンス理論に立脚し，前述のとおり社会的スキルの発揮によってリーダーシップが発揮されるという仮説によれば，「リーダーシップを行動で大別すること」，そして「行動でリーダーシップの有効性を測定すること」の意義は改めて疑問

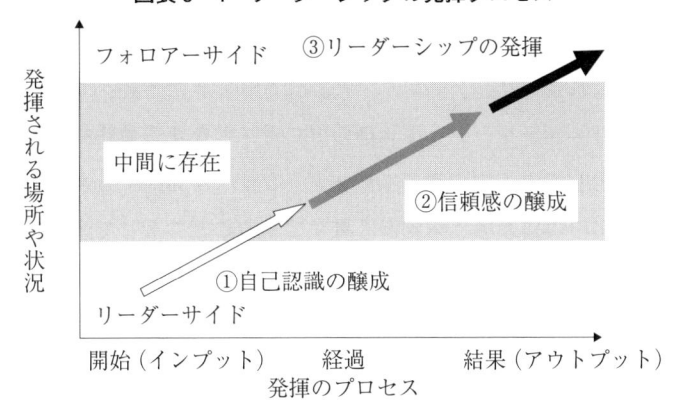

第5章 感情コンピテンスアプローチの提言　77

図表5-4　リーダーシップの発揮プロセス

縦軸：発揮される場所や状況
横軸：発揮のプロセス　開始（インプット）／経過／結果（アウトプット）

フォロアーサイド　③リーダーシップの発揮
中間に存在　　　　②信頼感の醸成
リーダーサイド　　①自己認識の醸成

出所：筆者作成（2005）

視せざるを得ない。

¶ リーダーシップ発揮プロセス

さて，ここでは以上の議論を踏まえて，リーダーシップの発揮プロセスについて明らかにする。

従来のリーダーシップ理論研究における「リーダーシップ行動」とは，リーダー行動を測定する尺度を作成するといった目的を満たすために可視化が可能であり，かつ第3者が観察することができるリーダーの直接行動を指していた。しかし，感情コンピテンス理論に立脚すれば，「リーダーシップは発揮されるまでに前段階が存在し，源泉として自己認識の醸成といった，ごく個人的コンピテンスである特性の発揮が必要であり，それを基点にしてフォロアーとの相互信頼関係を醸成させたうえで，その有効性が顕在化する」というリーダーシップ発揮プロセスの存在を説明できることになる。以上の内容を素描すると，図表5-4のようになる。

図表5-4は，2で述べた「感情コンピテンスは，自己認識を基底とした階層構造」であること，そして前述の「リーダーシップ行動は，感情コンピテンスにおける社会的スキルである」という議論に基づき，筆者が作図したもので

ある。横軸がリーダーシップ発揮のプロセスを示し，縦軸がそのプロセスが醸成される場所や状況を示している。

この図は，これまでリーダーシップと認知されてきた行動，つまりリーダーシップ行動とは，リーダーシップ発揮のプロセスのなかの最終的な表出部分であることを明示している。同時に，リーダーシップを発揮するためには，リーダーとフォロアーの信頼感の醸成が不可欠であること，そして源泉としてリーダー自身の自己認識という感情コンピテンスが存在していることがわかる。この図から求められるひとつの解は，**リーダーシップには自己認識という源泉が存在する**ということである。

リーダーシップの源泉の存在は，リーダーシップの認識に，以下の3つの事実を明示することとなる。

第1に，リーダーシップは自己認識を源泉として，リーダーとフォロアー相互の信頼関係を醸成させることにより，結果的に表出する現象である。リーダーシップは，自己認識というリーダーシップ源泉の発揮の成果であることから，源泉が欠如している状況で表面的な行動をかたちづくってもリーダーシップの効果性を発揮しているとはいえないのである。

第2に，リーダーシップ源泉の存在は，リーダーシップに求められる特性，および開発の指針を明示することになる。そして，この源泉は，自己認識因子に求められる。つまり，リーダーは自己認識因子に貢献する感情コンピテンス群の開発を行うことにより，リーダーシップの有効性を高めることが可能になる。

第3に，リーダーシップはだれでも開発可能であることを明示している。しかも感情コンピテンス理論によれば，すべてのコンピテンスは老若男女，年齢を問わず開発可能である[14]。

5　リーダーシップの源泉

さて，3では，リーダーシップにおけるプロセスの存在を確認した。ここで

は，本章を総括し，感情コンピテンスアプローチによるモデルを提案しつつ，リーダーシップ源泉の存在を明らかにしたい。

¶ 感情コンピテンスアプローチモデル

感情コンピテンスアプローチモデルによる特徴は，まず第1点として，リーダーシップには自己認識という源泉が存在することを明示している点にある。これは，リーダーシップとはアウトプットつまりリーダー行動を行うことだけに注目するのではなく，発揮プロセスの源流に存在する自己認識という個人のコンピテンスつまり個人の特性に視線を戻す必要性を示している（図表5-5と図表5-6）。

第2点として，このモデルは，自己認識の醸成，相互信頼関係の醸成を経てアウトプットとして，リーダーシップの発揮が導かれることを示している。つまり，リーダー行動について，その表面的な「スタイル」が求められるのではなく，表出化するまでのプロセスを含めた「質」が求められるのである。

一連のプロセスにおいて，質を高める最大のファクターは，リーダーとフォロアーの相互信頼関係である。相互信頼関係を高めることにより，リーダーシップの有効性に貢献するのである。

第3点は，信頼関係は数値的に示すことのむずかしい尺度であるが，感情コンピテンス理論に立脚すれば，自己認識というリーダーシップの源泉を基点としてモチベーションと共感力というコンピテンスが発揮されることにより結果的に信頼関係が醸成されることが明らかとなっている。

第4点は，感情コンピテンス理論に立脚すれば，各コンピテンスは開発と向上が可能になることである。つまり，このモデルにおいて明示されたリーダーシップの源泉たる自己認識の鍛錬と学習により，リーダーシップの有効性の向上と質的変化を導くことができる。

もちろん，モチベーションと共感力というコンピテンスも同様であるが，肝要な点は，モチベーションと共感力の向上には自己認識の向上が不可欠であるという点である。

図表 5-5 感情コンピテンスアプローチによるモデル

```
         ┌─────────────────────┐
         │  リーダーシップの発揮  │
         └─────────────────────┘
                   ↑
         ┌──────┐ 相 ┌──────┐
         │モチベ│ 互 │共感力│
         │ーショ│ 信 │      │
         │ ン   │ 頼 │      │
         │      │ 関 │      │
         └──────┘ 係 └──────┘
                   ↓
         ┌─────────────────────┐
         │      自己認識         │
         └─────────────────────┘
```

出所：筆者作成 (2005)

図表 5-6 感情コンピテンスアプローチ・モデルの特徴

I	リーダーシップには自己認識という源泉が存在する。
II	リーダーシップには「発揮するためのプロセス」が存在し，その有効性発揮の鍵は相互信頼関係にある。
III	相互信頼関係を醸成させる感情コンピテンスは，モチベーションと共感力の2軸からなる。
IV	自己認識という個人特性の開発が，リーダーシップ開発につながる。

出所：筆者作成 (2005)

　このように感情コンピテンスアプローチによるモデルでは，所属している集団のすべてにおいてリーダーが体験する出来事は，すべてリーダーに帰結する。つまり，リーダーが行動しているすべての経験や知識，内外のさまざまな人とのコミュニケーションの結果による体験が，すべてフィードバックとしてリーダー自身に経験値として取り込まれるのである。
　そのような経験値が，さらにリーダーの自己認識を高め，内省と学習を生み出し，また次の行動や思考そして決定に対してプラスの影響を与えるのである。このようなリーダーシップの源泉たるリーダー自身の自己認識の継続的向上に

より，結果的にフォロアーとの信頼関係のスパイラルアップが可能になると考えられる。

そして，このモデルの優位性は，集団目的を達成するというための要素が，モチベーションとして含まれていることにある。感情に配慮するということは，相手の感情に配慮して，「いうべきこともいわない」という理解ではなく，相手の状況や心境に配慮しながら「いうべきことは明確に伝える」という意味である。

目標を明確にしたり，組織の目標を自分の目標と置き換えて理解できるような関係を構築するために，共感力というコンピテンスが求められるのである。つまり，共感力の発揮とは，目的のもたない全方位的な配慮ではなく，組織目標に向かっていくための統合性をたかめるための手段なのである。

つまり，モチベーションが集団目的達成への方向性を与え，共感力がフォロアーに対してみずから集団に働きかけるような影響力を引き出すのである。このようなコンピテンスが導き出す作用が絡み合い，相乗効果を生み出しながら，リーダーシップの有効性が発揮されるというプロセスをこのモデルは示している。

¶ 本章の結論

以上のことから，リーダーシップとは，自己認識を源泉とした信頼関係構築プロセスの成果物であるという結論が引き出される。

かつての特性論アプローチは，リーダーのもつ生来の特性に注目していた。しかし，生来リーダーがもつ特性の役割は，小さく，効果があることはわかるが，それだけで有効性を判断することができないという欠点を抱えていた。

感情コンピテンスアプローチは，高業績を残す人材の特性（コンピテンス）という理論背景をもっており，特性論アプローチの発展型と位置づけることができる。そして，感情コンピテンスは，学習により開発と能力向上が可能な知能である。生来というよりはむしろ，経験と学習により醸成される能力という点で特性論のアプローチとは大別される。

また，モチベーションと共感力という2つの軸を包含してはいるものの，行動アプローチとはアプローチのしかたは異なっている。しかし状況に適合させるという点では，コンティンジェンシーアプローチに近い視点をもっている。

感情コンピテンスアプローチは，状況を感じ取る能力について根拠を提示するだけでなく，正確な判断や思考を行うための感情の調整という視点があり，したがって適切なリーダー行動を行うための方法論を明らかにしている。このようにみてくると，過去のアプローチとくらべ優位性をもっている。

しかしながら，リーダーシップの有効性の指標となるリーダーとフォロアーの相互信頼感の醸成度合いを客観的に測定することができないとか，コンピテンスの発揮度合いを正確に把握することができない，などといった客観的な数値根拠を提示できないという点において，問題点をかかえている。

6　おわりに

以上のことから，「リーダーを養うためには自己認識を促進させるべし」という筆者の金科玉条を紡ぎ出すことになった。これは，自己認識に効果的に作用するようなプログラムを開発することが，結果的にリーダーを創り出す源泉となるという「理論的根拠」を得たことになる。いま現在，筆者は，リーダーおよびマネジャーを対象とした研修プログラムを開発し提供している。それらのポジティブな実践的フィードバックによって，本章はさらに信憑性を高めている。近い将来，本章で主張している感情コンピテンスアプローチの有効性について論じることになるだろう。

〈注〉
（1）　ダニエル・ゴールマンほか著　土屋京子訳（2002）『EQリーダーシップ』日本経済新聞社
（2）　金井壽宏（2004）『組織行動の考え方』東洋経済新聞社　184-209頁
（3）　ウォーレン・ベニス，バート・ナナス著　小島直記訳（1987）『リーダーシップの王道』新潮社　74頁

（4）コッターは，上記の定義をさらに端的にまとめ，「リーダーシップとは，変革を成し遂げる力量を指す」とも表現している。ジョン・P・コッター著　黒田由紀子監訳（1999）『リーダーシップ論』ダイヤモンド社　19頁
（5）ジョン・W・ガードナー著　加藤幹雄訳（1993）『リーダーシップの本質』ダイヤモンド社　3頁
（6）ダニエル・ゴールマン著　梅津祐良訳（2000）『ビジネスEQ』東洋経済新聞社　31頁
（7）ダニエル・ゴールマン著（1998）What Makes a Leader?「EQが好業績リーダーをつくる」*Harvard Business Review* 11-12号
（8）心理学・組織行動学の権威として名高いデイビッド・マクレランドは，ある食品メーカーに関する調査で，同社の経営陣のなかでEQがある一定の水準に達している経営幹部の場合，担当する事業部門の年間利益が目標を20％も上回っていることを発見した。同上誌
（9）ダニエル・ゴールマン（2000）前掲書　40頁
（10）ダニエル・ゴールマン（2000）前掲書　87頁
（11）ダニエル・ゴールマン（2000）前掲書　227頁
（12）同上
（13）金井壽宏（2005）『リーダーシップ入門』　240-241頁
（14）心理学者のジョン・メイヤーは，「EQは，年齢を増すとともに，また子供から大人にいたるまでの経験を増すに従って開発される」と結論している。つまり，感情コンピテンスの向上についても成熟した人たちのほうが優位性を示すのである。これは，大変興味深い事実である。

〈参考文献〉

金井壽宏（2004）『組織行動の考え方』東洋経済新聞社
ブレーク，ムートン著　上野一郎監訳（1965）『期待される管理者像』産業能率短期大学出版部
Stodgil Ralph M.（1974）*Handbook of Leadership: A survey of the Theory and Research*, Free Press.
ウォーレン・ベニス，バート・ナナス著　小島直記訳（1987）『リーダーシップの王道』新潮社
ジョン・P・コッター著　黒田由紀子監訳（1999）『リーダーシップ論』ダイヤモンド社
ジョン・W・ガードナー著　加藤幹雄訳（1993）『リーダーシップの本質』ダイヤモンド社
ダニエル・ゴールマンほか著　土屋京子訳（2002）『EQリーダーシップ』日本経済新聞社

ダニエル・ゴールマン著　梅津祐良訳 (2000)『ビジネスEQ』東洋経済新聞社
ダニエル・ゴールマン著 (1998)『EQが好業績リーダーをつくる』*HBR* 11-12号
ライル・M・スペンサー著　シグネ・M・スペンサー　梅津祐良ほか訳 (2001)『コンピテンシーマネジメントの展開』生産性出版

第6章
サーバント・リーダーシップ
―その思想,実践と展望―

1 新しい企業環境

　20世紀の工業化をベースとした経済発展の過程では,できるだけ効率よく組織を運営していくことに主眼が置かれた。しかし,企業を取り巻く環境や産業構造は,近年大きく変化している。ピーター・F・ドラッカーは,その著『明日を支配するもの』のなかで,「20世紀の企業におけるもっとも価値のある資産は,生産設備であった。他方,21世紀の組織におけるもっとも価値ある資産は,知識労働者であり,彼らの生産性である[1]」と主張している。また,野中郁次郎・紺野登『知識経営のすすめ』でも,価値を生み出すのは,工場やハードではなく,「人々や組織が創り出す知識,あるいは知的資産が価値の源泉[2]」と述べている。

　そのような「知識」に対して,新しい価値をもつ環境に適応していくかのように,企業で働く人たちの意識や行動様式にも徐々に変化がみられる。一人ひとりが自律し,多様性(ダイバーシティ)に価値を見いだし,より一層の創造性の発揮を求めるなど,これまでとは異なる性質の組織で働く人たちが増えている。

　そうした新しい経営スタイルや組織で働く人たちの増加に伴い,いくつかの新しいリーダーシップが提唱されるようになった。そのひとつとして,サーバント・リーダーシップがあげられる。

　サーバント・リーダーシップは,「サーバント(奉仕する)」という言葉のもつ印象から,リーダーシップ研究における「課題」と「人間関係」という二軸

において，一見「人間関係」軸を重視しているようにみえるが，けっしてそうではない。サーバント・リーダーシップとは，どのような考え方や特徴をもち，どのような企業で実践され成功しているかについて，次節以降で明らかにしていく。

2　サーバント・リーダーシップの意味

¶　主な基本概念

ロバート・K・グリーンリーフ (Robert K. Greenleaf, 1904-1990) は，AT＆Tで40年あまりマネジメント研究・開発・教育に携わっている。退職後の1970年，66歳の時に，サーバント・リーダーについての基本概念を記した『サーバント・リーダー (The Servant As Leader)』という小論を発表した。さらに，グリーンリーフセンター (The Greenleaf Center for Servant-Leadership) をベースに活動を続けた。

彼が提唱したサーバント・リーダーという考え方は，ヘルマン・ヘッセの『東方巡礼』という作品が基になっている。東方への旅を行っているある一団のなかにレオという従者がいる。レオは一団の世話をしたり，雑用を行うサーバントであるが，一方で，彼の存在は非常に大きく，彼の精神や歌は，人びとを勇気づけた。

しかし，ある日突然レオが姿を消すと，一団は混乱に陥り，結果として旅は続けられなくなってしまった。旅に参加していた語り手の男性は，何年か経って，従者として皆に"奉仕していた"レオが，実はその旅を主催した教団の"偉大なリーダー"であったことを知るのであった。

この話を原型として，グリーンリーフは『サーバント・リーダー』のなかで，次のように説いている。

"The servant-leader is servant first. It begins with the natural feeling that one wants to serve. Then conscious choice brings one to aspire to lead. Do those served grow as persons; do they, while being served, become healthier, wiser, freer, more autonomous, more likely themselves to become servants?"(3)

(サーバント・リーダーとは、まずなによりもサーバント（奉仕者）なのである。まず初めに奉仕したいという自然な感情があり、奉仕することが第一なのである。そのうえで、導きたいという願望に駆られるのである。次の質問に答えてみると、わかりやすい。奉仕されているものは、人間として成長しているか。奉仕を受けながら、より健康になり、より賢くなり、より自由になり、より自律的になり、自分たちもサーバント（奉仕者）になりたいと感じているか(4)。)

このような理念の構築には、宗教的な背景も忘れてはならない。グリーンリーフは敬虔なクエーカー教徒であった。クエーカーとは、17世紀の半ばにイギリス人ジョージ・フォックスが創設したキリスト教の一教派である。

クエーカーは、神の下では人種、性別、信条などにかかわらず、すべての人は平等として、あらゆる差別を認めない。奴隷解放の大きなきっかけとなったアメリカ南北戦争のはるか100年も前の1758年に、奴隷解放と売買禁止の宣言を発表しているほどである。さらに、非戦、非暴力の積極的な平和の実践を行い、"兵役拒否"という信念を貫いている。こうした強い主張から、プロテスタントのなかでも多数派になったことがないものの、社会的な大きな影響力をもっている。

グリーンリーフが、各人に与えられた権力の大きさの順位を示すように上から順に並べられた正ピラミッドのヒエラルキー組織や、実際にそこで時に不当に行使される権力とはまったく異なる視点で組織と人を捉えたことは、自然な流れであった。

「サーバント・リーダーとは、まずなによりもサーバントである」という言葉のとおり、サーバント・リーダーに導かれる組織を図で表すと、図表6-1のように、経営者を頂点とした正ピラミッドの上下を逆にした逆ピラミッドの形で象徴的に表わされる。この図の概念を表現するような文章は、サーバント・

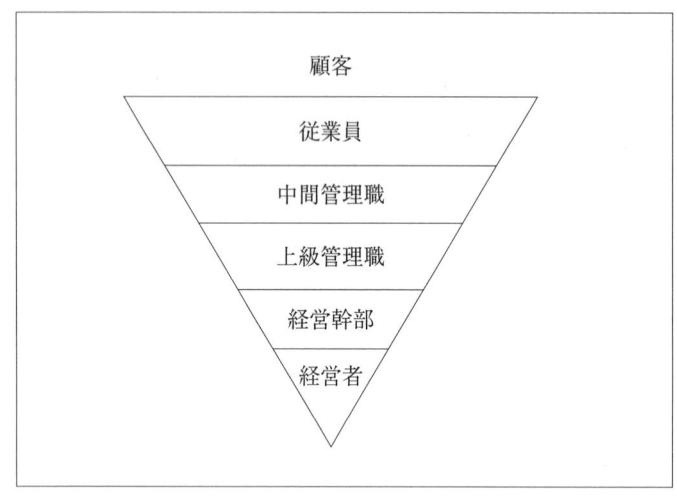

図表6-1　サーバント・リーダーシップの組織概念のイメージ

```
            顧客
         ┌─────────┐
          従業員
         ├─────────┤
          中間管理職
         ├─────────┤
          上級管理職
         ├─────────┤
           経営幹部
         ├─────────┤
            経営者
         └─────────┘
```

出所：筆者作成

リーダーシップについて，さまざまな人が書いた文献でみることができる。

　この逆ピラミッドの組織から受け取るメッセージは，非常に明確である。企業活動のなかでもっとも重要なのは，顧客であり，その顧客と直接接する従業員は，上司ではなく，まず顧客のほうをしっかりとみて顧客に奉仕する環境を与えられるべきである。そして，従業員の上司である中間管理職は，上級管理職ではなく，現場の従業員たちのほうを向いて，彼らが顧客に十分に奉仕することができるよう自分のもつリソースを使って従業員に奉仕しなければならない。同じ考えを繰り返し，組織上の頂点にいる経営者は社員全員に奉仕する。

¶ 10項目の行動特性

　グリーンリーフセンターの現CEOであるラリー・C・スピアーズ（Larry C. Spears）は，グリーンリーフが記したものを基に，サーバント・リーダーシップの特性を10項目にまとめている[5]。それらは，サーバント・リーダーの育成において中枢部分となっている。

① 傾聴（Listening）

従来リーダーのスキルとして評価されてきたコミュニケーションと意思決定に加えて，傾聴が重要である。傾聴とは，なにが語られるのかについて，内なる声に耳を触れようとしたり，その肉体や精神が伝えようとしていることを理解したりすることであり，サーバント・リーダーの成長にとって必須のものである。

② 共感（Empathy）

サーバント・リーダーは，他者を理解したり，共感しようと真剣に取り組む。人間は，個人として特別で独特の精神をもつものとして，受け入れたり認めたりされなければならない。同僚の振る舞いや業績結果を受け入れられなくても，人間としては拒絶しない。

③ 癒し（Healing）

癒しを学ぶことは，変革や調和にとっては大きな力となる。サーバント・リーダーの大きな強みのひとつには，自分自身や他者を癒せるということがある。サーバント・リーダーは，精神的な傷を癒す手助けをする。

④ 気づき（Awareness）

気づき，特に自己認識はサーバント・リーダーの強みである。倫理と価値に関連する問題を理解するうえで助けになる。そして，たいていの状況をより総合的な立場でみることができるようになる。

⑤ 説得（Persuasion）

もうひとつの特徴は，組織のなかで意思決定を行う際に，その人の地位による権威を使うのではなく，説得することにある。強制ではなく，説得に重きをおく考え方は，おそらくクエーカーのフレンズ会の信仰から来ているが，この要素によって，従来の権威主義モデルとサーバント・リーダーの違いがもっとも明確になる。

⑥ 概念化（Conceptualization）

サーバント・リーダーは，"大きな夢を描く"能力を磨かなければならない。

概念化することから問題や組織をみる能力は，日々の現実以上のことを考えなければならないということである。概念化と日々の業務の間で微妙なバランスを探らなければならない。

⑦ 予見（Foresight）

予見とは，概念化と密接な関係にあり，過去からの教訓や現在起こっている現実，さらには未来の決定を理解することである。また，直感に深くかかわるものであるため，サーバント・リーダーが生まれながらにもつ特徴のひとつといえる。

⑧ スチュワードシップ（Stewardship）

"*Stewardship*" と "*The Empowered Manager*" の著書であるピーター・ブロックは，スチュワードシップを"他者を信頼に基づいて支えること"と定義した。グリーンリーフの視点でいえば，経営陣，従業員全員が，かれらが属する社会を信頼に基づき支えるために，重要な役割を果たしているということである。

⑨ 育成（他者の成長をコミットする）（Commitment to the growth of people）

人間は，従業員として具体的な貢献をする以上の本質的な価値があるとして，サーバント・リーダーは，従業員が人間として，プロフェッショナルとして，また精神的な部分も含めて成長するように，リーダーがもつ権力のなかで，あらゆる努力を行う責任があると考えている。

⑩ コミュニティ構築（Building community）

人間の生活の主要なかたちが地域社会から大きな会社へとシフトした結果，人間の歴史から多くのことが失われた。サーバント・リーダーは企業で働く人たちのなかでコミュニティを構築しようとする。

¶ 従来のリーダーとの違い

図表6-2は，Ann McGee Cooper の "*The Essentials of Servant-Leadership, Principles in Practice*" を参照したものである。

従来のリーダーシップは，対比をより明確にするためか，旧式な特徴になっ

図表6-2 従来のリーダーとサーバント・リーダーとの違い

No.	項目	従来のリーダーシップ	サーバント・リーダーシップ
1	モチベーション	もっとも大きな権力の座につきたいという欲求	組織上の地位にかかわらず,他者に奉仕したいという欲求
2	マインドセット	競争を勝ち抜き,達成に対して自分が賞賛されることを重視	皆が協力して目標を達成する環境で,皆がウィン・ウィンになることを重視
3	影響力の根拠	目標達成のために,自分の権威を使い,部下を畏怖して動かす	部下との信頼関係を築き,部下の自主性を尊重することで,組織を動かす
4	コミュニケーション・スタイル	部下に対し,説明し,命令することが中心	部下の話を傾聴することが中心
5	業務遂行能力	自分自身の能力を磨くことで得られた自信をベースに部下に指示する	部下へのコーチング,メンタリングから部下と共に学びよりよい仕事をする
6	成長についての考え方	社内ポリティクスを理解し活用することで,自分の地位を上げ,成長してゆく	他者のやる気を大切に考え,個人と組織の成長の調和を図る
7	責任についての考え方	責任とは,失敗したときにその人を罰するためにある	責任を明確にすることで,失敗からも学ぶ環境を作る

出所:http://www.gc-j.com/s102.html

ている部分もあるが,多くの組織では大なり小なり行われている。しかし,逆ピラミッドの組織のなかでは,自然と右側の列に沿う考え方と行動になると考えられている。

　サーバント・リーダーは,部下のために手伝えることはないか,どうすれば役に立てるかと,組織上の地位にかかわらず奉仕したいという欲求をもっている。部下の成功を願い,成長を願い,そのために自分の時間とリソースを使って,彼らのニーズに応え,目標を達成させ,ともに成長していこうとするので

ある。この気恥ずかしいほどの誠実さと真摯な姿勢が，サーバント・リーダーの特徴である。

3　サウスウエスト航空における実践事例

¶　サウスウエスト航空のプロファイル

　サウスウエスト航空は，サーバント・リーダーシップを経営方針のひとつと位置づけ，「従業員第一」という姿勢を貫いているアメリカの航空会社である。1971年に3機のボーイング737でテキサス州内のヒューストン，ダラス，サンアントニオの3都市を結ぶ便から始まった同社は，一貫してアメリカ国内の短・中距離線に焦点を絞り，格安運賃で良質なサービスを提供している。路線数，乗客数，売上額などを伸ばし続け，2008年5月時点では，ボーイング737を527機を使って全米64都市を結ぶというネットワークを作りあげている。
　財務面でも，2001年9月11日のアメリカでの同時多発テロ以降ですら，アメリカの航空会社では唯一利益を出し続けている優良企業である。同時に，顧客や市場から強烈に支持されている証しとして，これまでにさまざまな賞を受賞している。
　1988年，定刻運航実績，紛失荷物，顧客からの苦情という3項目すべてで最優秀に選ばれ，三冠王を獲得した。1992年から1996年までの5年間は年間の三冠王も連続受章している。さらに，フォーチュン500の業界別でもっとも称賛される企業を選ぶAmerica's Most Admiredにおいては，2003年，2004年と連続して航空業界での1位を獲得している。

¶　サーバント・リーダーシップの導入

　同社は，会社設立時に新規参入を阻もうとする競合他社3社との間で，3年以上にわたる激しい法廷闘争を戦い続けた。ようやく運航を開始した時にも，3機のボーイング737機以外にはハード資産もないままで，厳しい市場競争に巻き込まれることとなった。
　そのような環境のなかでは，従業員が「唯一の資本」であった。そのため，

顧客に対する従業員の献身的なサービス，差別化をもたらすためのユニークなサービスも重要な要素と考えた。そこで，そうした従業員の姿勢や行動を会社として積極的にサポートし，評価していった。

このように，従業員の高いモチベーションによってもたらされる，驚くほど高い労働生産性がサウスウエスト航空の競争優位をつくってきた。従業員には，創造的かつ自主的な優良な顧客サービスを継続的に提供してもらわなければならない。そのためには，サーバント・リーダーシップの考え方はぴったり合致していたと考える。

¶ 実践と発揮されたリーダーシップ

サウスウエスト航空の設立から現在までの大きな成長のすべての過程については，ハーブ・ケレハー抜きには語れない。設立者のひとりで弁護士であったケレハーは，前述の法廷闘争において大きな役割を果たしたが，1978年に会長に就任し，2008年5月その座を降りるまで，30年以上にわたってサウスウエスト航空の顔として，同社の対外的なイメージを象徴する存在であった。

一方，社内においては企業文化を維持・推進し，価値観を伝え続けるという役割を担って，強い求心力を保持し，リーダーシップを発揮してきた。彼のリーダーシップで特筆すべきは，以下の3点である。

まず，1点目として，従業員に対する「誠実さ」である。ケレハーは，従業員の声に真摯に耳を傾ける準備ができている。「現場の従業員たちは経営者側の新しい考え方を受け入れて現状を変えることにあまり抵抗を感じていないが，それは，ハーブや（現社長の）コリーンをはじめとする経営者たちも自分たちの話に耳を傾けてくれることを知っているからだ[6]。」

2点目としては，ケレハーは，指導者の本質は奉仕者であると認識している。「リーダーシップとは，自分が率いる人びとのために献身的に身を粉にして働く奉仕者になることであり，人生の喜びや苦しみを分かち合うことなのだ。たとえ多少の痛みや自己犠牲が伴ったとしても，愛する人々の正当な要求を満たすために奉仕されることを願っているのだ[7]。」

そして3点目として，ケレハーはつねにみずからが模範を示している。裁判では，弁護士として四面楚歌のなかで最初はひとりきりで戦ったことで，すでに彼は厳しい環境でも目標に向かって努力を続けるという模範であった。その後も荷物の積み下ろしを地上要員とともに行ったり，パーティや表彰イベントには，女装やとっぴな扮装で従業員を楽しませるなど，「従業員第一」という考え方をみずから実践した。

彼と並んで，コリーン・バレットの存在も同様に大きい。バレットはケレハーの弁護士事務所の秘書からサウスウエスト航空に加わり，現在は社長を務めている。彼女は，大家族，共同体の意識を大切にするということを含めた企業文化を支える価値観や理念を確立・強化するために，ケレハーとは異なる角度から多数のアイデアを生み出し，それを実行していった。

同社が数多く行う祝典やイベントの写真，同社を取りあげた新聞や雑誌の切り抜き，顧客からの御礼の手紙などは，つねに目に触れるところに飾られており，従業員は無意識に会社の価値観を絶えず再確認することになる。さらには，1990年に企業文化や企業の価値観を伝えていく目的で文化委員会が設置されている。企業文化とは，なにもしなくて健全な状態で維持できるものではない。積極的に，かつ注意深くメンテナンスを行っていくことが必要であり，バレットはそのための大きな役割を何年にもわたって担っている。

¶ 実践されるサーバント・リーダーの特徴

サウスウエスト航空では，ケレハーやバレットをはじめとする経営幹部から発せられるあらゆるメッセージが会社の価値観を表現し，一挙一動でそれが体現されていく。実践されたサーバント・リーダーシップの特徴としては，次の6つがあげられる。

① 明確な価値観・ビジョンを示す。

サーバント・リーダーは，まず，会社が向かうべきビジョン，および重視されるべき価値観を示す。確固たる信念に基づき会社の将来に対する明確な地図と価値観をもってフォロアーを導く必要がある。

第6章　サーバント・リーダーシップ　95

　サウスウエスト航空のミッション・ステートメントには，次のように書かれている。

Our Mission Statement
The mission of Southwest Airlines is dedication to the highest quality of Customer Service delivered with a sense of warmth, friendliness, individual pride, and Company Spirit.[8]

（サウスウエスト航空のミッションは，掛け替えのない顧客のために，誠意，優しさ，各自の自負，当社の企業スピリットを込めて実践される最高のサービスに捧げられる[9]。）

　② 従業員に奉仕し，その成長を助ける。

　サウスウエスト航空は，"社員第一"という信念を貫いている。ウェブサイトに掲げられたミッションにも，「わが社員へ」という以下の一節がある。

To Our Employees
We are committed to provide our Employees a stable work environment with equal opportunity for learning and personal growth. Creativity and innovation are encouraged for improving the effectiveness of Southwest Airlines. Above all, Employees will be provided the same concern, respect, and caring attitude within the organization that they are expected to share externally with every Southwest Customer.[10]

　「全社員に対し，平等に学習と成長の機会が与えられる，安定した雇用環境を提供することを誓う。当社は創造性と革新性を追及し，効率向上を目指す。とくに，社内にあって社員は，部外者たるサウスウエスト航空の顧客が受けるのと同じ気配り，敬意，心のこもった応対を会社側から受ける[11]。」

　③ 従業員の個性や独創性を尊重し，信頼する。

　サウスウエスト航空では，従業員に大幅な権限委譲を行っている。個尊重の経営が行われ，各従業員の個性は尊重され，共有されている会社の目標のもとに，あらゆるレベルで意思決定がなされる。会社や顧客のことを心から考えて

行った判断や行動であれば,結果として失敗したとしても罰せられることはない。それは,経営者が従業員を心から信頼しているからにほかならない。

④ 従業員の貢献を称える。

同社において,心からの思いやりをもって顧客サービスを行ったり,自分の創造性や個性を発揮して会社に貢献したりと,価値観を体現した従業員には褒賞の機会を与えられる。「素晴らしい会社に成長させた活動,振る舞い,態度,価値観を従業員に伝えるうえで,祝典は重要な手段となっている。守る人がいなければ価値観は廃れていく。祝典は事業の駆動力となっている価値観を,従業員に意識させるひとつの方法である。事業に貢献した従業員たちを会社の英雄として褒賞することで,どういう行動が望ましいか明確になる[12]。」

⑤ 従業員一人ひとりを次の奉仕者に育てる。

ケレハーと一緒に創業時から働いている従業員たちは,グリーンリーフの「自分たちもサーバントになりたいと感じているか」という問いに答えるかのように,自分を心から他者に奉仕する人間と考え,実践しており,「自分たちの会社は単に利益を求めることだけでなく,ひとつの目的に奉仕するために存在しているのだと信じている[13]」。

ケレハーやバレットが,つねに謙虚で従業員のことを第一に考え,会社や従業員に奉仕しているということは,全従業員の模範となっている。かれらの姿勢をみて,経営陣のみならず現場の従業員一人ひとりが,顧客のニーズに応えて積極的に奉仕していくのである。

⑥ 会社独自の共同体を作りあげ,それを誇りとする。

同社は,経営陣および従業員全員で共有される明確な価値観とビジョンをもち,誰もが尊重され,愛情あふれる意識と行動を実践する「大きな家族」という共同体を作りあげた。ビジネスモデルやサービス内容は模倣されても,人間を介して体現され,伝えられていく共同体の文化はけっして模倣されることはなく,その企業に固有の財産となる。

部門や役割を超えて,企業の大きな目的に向かって献身的に働く共同体の意

識と，それに対する誇りが浸透していくのである。それによって，従業員たちは他社と比べてけっして楽ではない労働を，みずからの意思で受け入れることができる。

サウスウエスト航空は，万人にとって働きやすい職場やすばらしい会社とは必ずしもいえない。事実，従業員たちは相当な長時間労働を行い，休日返上で参加を奨励される活動も多い。独特の企業文化や共同体意識になじまない人がいることも否定できない。

ただ，同社で働きたいという人は非常に多く，2006年の採用の競争率は80倍以上にもなった。そのため，選考プロセスにおいては，単にスキルではなく，同社の企業文化を共有できる人物を厳密に選んでいくことが可能なのである。

4 資生堂における実践事例

¶ 池田守男とサーバント・リーダーシップ

株式会社資生堂は1872（明治5）年，海軍病院の薬局長であった福原有信が，日本で初めての洋風調剤薬局として創業し，現在では創業130年を超える。資生堂にサーバント・リーダーシップという考え方を導入したのは，2001年同社の代表取締役社長に就任した池田守男であった。池田は「経営者は社員に奉仕する」と明言し，4年間の在任期間中その姿勢を貫くとともに，多くの経営改革を行った。

池田は，18歳でキリスト教の洗礼を受け，聖職の道に進むべく神学大学へと進んだが，大学院の修士課程進学前に一度社会をみても遅くないと考え，資生堂に入社した。社長就任までの40年間のほとんどを秘書部門で過ごしている。彼がサーバント・リーダーシップの導入を決意するまでには，さまざまな外的・内的要因が影響を及ぼしている。

雑誌のインタビュー記事や新聞のコラムなどでの発言から，以下の3つの過程があったと考えられる。

① もともと個人的にもっていた宗教観も含めた価値観と秘書部での経験

神学大学で学んだクリスチャンであった池田は，新聞のコラムで奉仕に対して次のように述べている。「聖書に"与ふるは受くるよりも幸いなり"とある。"与える"喜びはすなわち"支え，奉仕する"ことに通じる。奉仕への思いは，クリスチャンである私の信条から自然に生まれたものなのかもしれない[14]」。

　まずは"奉仕する"という哲学や姿勢が彼の根底にある。そして，資生堂入社に配属された秘書部では，まさに人に"奉仕し，支える"役割の業務であった。自分が社長に就任するまでの5人の社長には，徹底的にほれ込んで仕えたという。

　② 消費財メーカーという業態

　消費財メーカーである資生堂の場合，メーカーである資生堂本体と同社の商品を扱う販売店，そしてお客さまという3者が出会うのが，店頭であり，池田はそこがもっとも重要な場所であると考えた。そこで，社長就任後の経営改革にあたっては，あらためてその認識に立ち，店頭を基点として企業活動をすべて見直すことにした。

　③ ケン・ブランチャードとの出合い

　池田が店頭基点をビジョンにおいて経営改革を進めるうえで，組織についても"部下を支えるリーダーシップ"をベースに考えるようになった。そんな時に，ブランチャードの『新・リーダーシップ教本』を手にした。『1分間マネジャー』で日本でもよく知られているブランチャードは，そのなかで，サーバント・リーダーシップの実践について詳しく述べている。

　「本当にわたしが模索していたものズバリをあの本のなかから教えられました。そして，なにより自分自身が思いを固めて，わたしの使命はこの道だとはっきり確信と言いますか，自信をもってやっていけるという気持ちになりました[15]。」池田はブランチャードの本との出会いで自分の使命を確信し，逆ピラミッドによる組織で上司が部下を支えるという持論が確立する。

　かくして，つぎのようにいう。「経営陣が顧客に対してサーバント・リーダーシップを発揮すれば，すべての社員がお客さまのために奉仕するという価値

観をもって、みずからの判断で行動できるようになるはずだ。現場を最重要視することは、変化と競争の激しい市場環境にもすばやく柔軟に対応ができることにもつながる。結果的に社員一人ひとりの人間性や個性を生かした組織運営が可能となり、多様性と魅力にあふれた企業づくりに寄与するだろう。それは、社会全体が人間味あふれる活力を得ることへとつながっていく[16]」。

池田は、まずクリスチャンとしてサーバント・リーダーシップを理解し、深く共感した。しかし、日本社会ではクリスチャンは多くなく、その考え方を企業構造へ組み込む際には、大多数であるクリスチャン以外の人びとにも共感を得て実際に行動してもらうよう、宗教色は排除し、だれにでもわかりやすく伝える必要があった。

¶ 池田による実践

以上で述べた3つの過程を経て、資生堂はサーバント・リーダーシップという考え方を導入するに至った。それに基づき経営改革を進めるにあたり、以下のような内容が実践された。

① ビジョンを示す：店頭基点

池田は、サーバント・リーダーシップを実践するにあたって、まずはビジョンを作り、告知し、浸透させることが重要だと認識していた。「サーバント・リーダーシップ」という言葉を使うと、ビジョンもなく、ただ部下に仕えるものととられることもあったという。

図表6-3　経営改革：店頭起点の改革

現在推し進めている経営改革の第一の柱は、主力の国内化粧品事業の圧倒的優位を確立するため、事業活動のすべてを、お客さまとの接点である店頭を基点とした仕組みに切り替えるというものです。取引先である化粧品店に対する提案型営業と店頭売上に連動する取引制度の確立、品切れの防止と偏在在庫の抑制を実現する生産・物流体制の構築、これらを可能とする店頭POS導入などの情報インフラの整備、これらはすべて店頭基点の仕組みづくりの一環です。そして、この改革の最終的なゴールとは、これらの仕組みを通じて、お客さま、化粧品店、資生堂という3者の絆をより深め、相互信頼を一層高めていくことなのです[17]。

しかし，企業としてのビジョンが明確にあってこそのリーダーシップであると主張している。そして，「店頭が基点」という考えを社内外に広く知らせるよう努めた。同社の当時のウェブサイトには，店頭基点の改革について，図表6-3のように説明されている。

② ビジョンを実現するための実践

店頭基点の考え方を実践するためには，組織の考え方もかえなければならない。池田が思い悩んだ末にたどりついたのが，サーバント・リーダーシップの組織概念である「逆ピラミッド型」であった。

池田は，「私たちはお客さまや社会に奉仕するために存在するのだから，"逆ピラミッド"は当然のこと。これをあらゆる機会に社員の目や耳や脳裏に焼き付け，上司の意向に従うばかりで，お客さまとの接点である現場を軽視する意識を一掃したいと考えた[18]」という。そして，社長在任時には，同社のウェブサイトには，逆ピラミッドの図とともに，サーバント・リーダーシップにつ

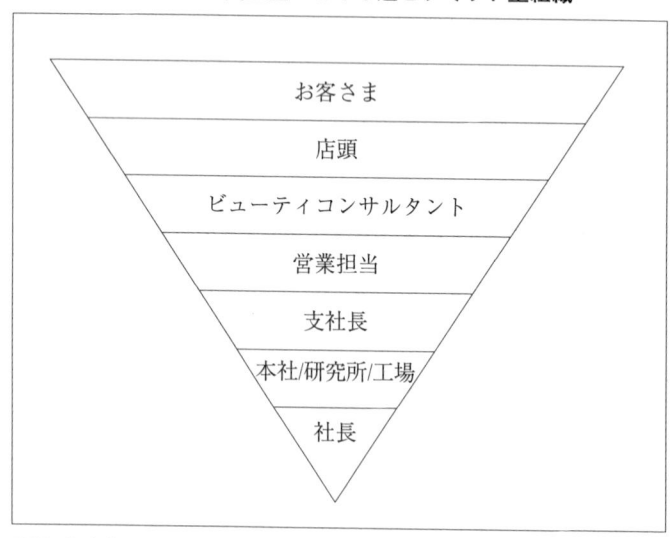

図表6-4　資生堂における逆ピラミッド型組織

| お客さま |
| 店頭 |
| ビューティコンサルタント |
| 営業担当 |
| 支社長 |
| 本社/研究所/工場 |
| 社長 |

出所：資生堂ウェブサイト，2005年5月

いての考え方が説明されていた。

　社内で社員に対してサーバント・リーダーシップについて語るだけではなく，取引先，株主，顧客などのすべてのステークホルダーに，資生堂の基本的な姿勢を理解してもらおうという池田の思いと，改革に対する決意の固さが伝わってくる。

　そして，販売第一線の営業担当である約9,000人のビューティコンサルタントがもっとも重要な人的資源であると，インタビューでも明確に述べている。「第一線の人たちに，毎日お客様から感謝され，喜びの笑顔を返されるという実感を味わってもらいたい。本当に『ありがとう』と言われる仕事に徹することができれば，わたしはこの改革は着実に前へ進んでいくと思っています[19]」。

　池田は，それが自分の喜びにもつながると語った。ただ，奉仕するのではない。奉仕することで，従業員が感謝され，それがマネジメントまで伝わることで，全社的にさらに大きなエネルギーになっていくというのである。

　池田は，社長就任時に「社長は全社員の要にあるから，社長になることは，全社員を支えることができる喜びだ[20]」と語っている。それは，従来の経営者のように，組織図の上から下へと一方的に指示や命令を与えるのではなく，逆ピラミッド型組織の下から支えるというスタイルである。具体的には，現場の声に真摯に耳を傾け，それらを自分のリソースを使って解決または改善していくという姿勢をとったのである。

　そして，彼は，そのようなリーダーシップを発揮した先にあるものとして，「効率性や利便性の追求ばかりでなく，一人ひとりの人間の個性を尊重し，愛情深く互いに支えあう組織や共同体をつくりあげようとする営為は，未来の幸せな社会への道標になると私は信じている。21世紀は心の時代，文化の時代になるにちがいない[21]」と社会全体に対する奉仕につながるものという認識を語っている。

5 おわりに

¶ サーバント・リーダーとしてなすべきこと

　サーバント・リーダーシップという言葉を知らなくても,ほぼ同じような経営の哲学や考え方をもち,同じように行動しているリーダーもいる。ハーブ・ケレハーや池田守男のように,「社員に奉仕するのが経営者としての役割」とは明言しないものの,実際にはそれに近い行動を取っている場合も多いと考える。さらに,どの企業の現場においても,自分が意識するかどうかにかかわらず,なんらかのかたちでサーバント・リーダー的な要素をもち,日々実践している従業員は存在する。

　経営者や組織のリーダーが,自分がサーバント・リーダーであると意識し,サーバント・リーダーシップを導入したいと考えたとき,なにをなすべきなのか。それは,以下の4点で表わすことができると考える。

　① ビジョンを示す。

　サーバント・リーダーシップに限らないが,まずは,ビジョンを示すことから始まる。ビジョンがなければ,地図ももたずに,どこへ向かうのか目標もなく誘導しようとするサーバントにすぎない。

　② 企業文化・価値観を築き,共有する。

　ビジョンを実現するために欠かせないのが企業文化・価値観である。重要なのは,ビジョンがあり,そこに向かうために行うべき指針が明確であることである。そして,その企業文化・価値観はどこかに掲げられて終わるものではなく,経営陣,従業員全員で共有され,つねに意識されているものである。

　③ 企業文化・価値観の維持・発展のために奉仕する。

　次に,従業員が企業文化・価値観を理解し,維持し,それをベースに実践していくために,奉仕することが重要である。つねに,「従業員のために自分はなにができるのか」と考えなければならない。

　それは,単に従業員を甘やかすのではなく,目標の達成や個人の成長のため

に必要なものを与えることである。それは，ウォンツではなく，ニーズに応えていくという考え方である。

④ 企業文化・価値観の維持のために企業の構造に組み込む。

組織としてもっとも重要なことは，以上のことを企業の構造に組み込んでいくことである。一人ひとりの努力や実践を個人レベルで終わらせるのではなく，それが会社の業績や評判に対してどのような効果をもたらしたのか，ということを明確にし，評価することで，個人を超えて組織の力として回り出すことが可能となる。

¶ 今後のあり方

日本においてサーバント・リーダーシップが紹介される際には，「サーバント・リーダーシップ」という言葉のほかに，「奉仕するリーダーシップ」，「奉仕型リーダーシップ」など，いずれも"servant"は"奉仕する"という言葉で訳されることが，ほぼデファクト・スタンダードとなっている。これには，なんの異論もない。

ただ，日本において，サーバント・リーダーシップという概念を，"奉仕す

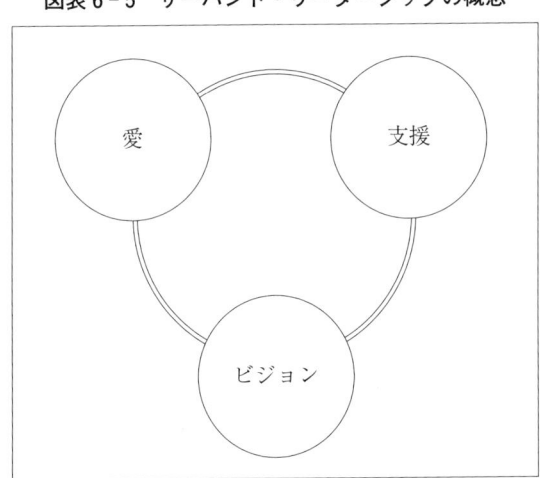

図表6-5　サーバント・リーダーシップの概念

出所：筆者作成

る"という言葉を使わずに，それ以外の言葉で説明するとしたら，"愛"，"ビジョン"，"支援"という言葉の組み合わせになるのではないかと考える。ここでは，一見"奉仕"の代わりに"支援"が使われているようにみえるが，けっして"servant"イコール"支援"ではない。むしろ，サーバント・リーダーシップという概念自体を，一般の企業や組織のなかで扱っていくにあたっては，この3つの融合であると考える。

経営自体が「人との継続的なかかわり」であるとすると，部下の成長のためにはなにが必要なのか。まず気持ちで表わすと"愛"である。この"愛"は，単なる温情的な感情ではなく，"相手を思いやる気持ち"，つまり，部下の成長を願い，部下の役に立ちたいという気持ちである。

これには，信頼する，尊重するという行動をも含まれる。そして，それをより具体的な行動で表わすと"支援"となる。部下が結果を出せるよう自分にどんな支援ができるかを考えて，それを実行することである。

そして，その気持ちと行動をどの方向に向けていくかを示す"ビジョン"がある。サーバント・リーダーシップの10項目の行動特性では，"概念化"や"予見"にあたるところである。繰り返しになるが，ビジョンがなければ，人もものごとも望む方向には動かない。

この"愛"，"支援"，"ビジョン"という3つのキーワードが，企業のなかでバランスよく存在し，サーバント・リーダーシップが実践されていくことが重要であると考える。おそらく，企業設立時や大きな変革時には，ビジョンが大きく膨らむこととなる。そして，成長の軌道に乗った時期や安定期には，愛と支援がビジョンよりも大きな比重をしめていくことになるであろう。

このサーバント・リーダーシップは，新しいリーダーシップ理念ではない。今後どの企業でも先を争って導入するという強烈な魅力を経営者全員に発するものでもないかもしれない。しかし，宗教的な文脈とは切り離したかたち，もしくは，これまでなかった文化を受け入れて，さらにうまく自分たちの文化に融合していくことができる日本ならではの独特なかたちで徐々に浸透していく

ことは可能であると考える。

　また，プロテスタンティズムと資本主義の関連性については，マックス・ウェーバーもその著『プロテスタンティズムの倫理と資本主義の精神』で言及している。プロテスタンティズムでは営利を敵視する経済倫理が働いているが，これが逆説的に，西洋における資本主義の発展に大きく寄与する結果となったというものである。プロテスタントたち自身でもまったく意図しなかったことであった。

　同様に，プロテスタンティズムの文化のなかから生まれたサーバント・リーダーシップは，宗教，文化，組織形態を超えて広く浸透しつつある。そして，これを経営哲学として導入した企業では，経済の合理性を追求することが目的ではなかったとしても，結果的には，業績を伸ばし，企業価値を高めているのである。そこには，宗教を超えたなにか本質的なものが存在しているのは間違いない。

　サーバント・リーダーシップを実践するうえで必要とされる行動のひとつひとつは，宗教的なものでもなければ，日本文化や慣習から外れるものはなにひとつない。サウスウエスト航空や資生堂の例にみると，企業にもたらされる効果は，業績，組織文化などの両面においていずれもプラスに働いている。サーバント・リーダーシップそのもの，またはそれに近い考え方を取り入れることでもたらされる，このような効果について，今後より注目していく必要があると考える。

〈注〉
（1）P. F. ドラッカー著　上田惇生訳（1999）『明日を支配するもの』ダイヤモンド社　160頁
（2）野中郁次郎・紺野登（1999）『知識経営のすすめ』筑摩書房　10頁
（3）Greenleaf, R. K. (2003) *The Servant-Leader Within*, 13頁
（4）R. K. グリーンリーフ著　グリーンリーフセンター・ジャパン訳（2004）『サーバント・リーダー』グリーンリーフセンター・ジャパン　11頁
（5）10項目は，*The Understanding and Practice of Servant-Leadership* より抜

粋翻訳 日本語の一部は，同上書より抜粋
（6） K・フライバーグ＆J・フライバーグ著　小幡照雄（1999）『破天荒！サウスウエスト航空―驚愕の経営』日経BP社　376頁
（7） 同上書　379頁
（8） http://www.southwest.com/about_swa/customer_service_commitment/customer_service_commitment.html
（9） C. オライリー＆J. フェファー著　廣田里子ほか訳（2002）『隠れた人材価値』翔泳社　66頁
（10） http://www.southwest.com/about_swa/mission.html
（11） C・オライリー＆J・フェファー　前掲書　66頁
（12） K・フライバーグ＆J・フライバーグ　前掲書　232頁
（13） 同上書　380頁
（14） 「時流自論」『朝日新聞』2005年5月16日号
（15） 『ビジネス・インサイト「Vol.36　奉仕する気持ちを大切にするリーダーシップ」』2002年夏号
（16） 『朝日新聞』2005年5月16日号
（17） http://www.shiseido.co.jp/s0303jig/html/jig002.htm
（18） 『朝日新聞』2005年5月16日号
（19） 『ビジネス・インサイト』2002年夏号
（20） 「人間発見」『日本経済新聞』2005年2月18日号
（21） 同上

〈参考文献〉

Autry, J. A. (2001) *The Servant Leader.*

Blanchard, K., Hybels, B. &P. Hodges (1999) *Leadership by the Book.*（小林薫訳〈2000〉『新・リーダーシップ教本』生産性出版）

Boyett, Joseph & Jimmie (1998) *The Guru Guide: The Best Ideas of the Top Management Thinkers*（金井嘉宏監訳〈1999〉『経営革命大全』日本経済新聞社）

Collins, J. C. (2001) *Good to Great.*（山岡洋一〈2001〉『ビジョナリーカンパニー2―飛躍の法則』日経BP社）

Drucker, P. F. (1999) *Management Challenges for The 21st Century.*（上田惇生訳〈1999〉『明日を支配するもの―21世紀のマネジメント革命』ダイヤモンド社）

Drucker, P. F. (1993) *Post-Capitalist Society.*（上田惇生・佐々木実智男・田代正美訳〈1993〉『ポスト資本主義社会―21世紀の組織と人間はどう変わるか』ダイヤモンド社）

Freiberg, K. & J. (1996) *Nuts! Southwest Airlines' Crazy Recipe for Business and Personal Success.*（小幡照雄訳〈1997〉『破天荒！サウスウエスト航空―驚愕の経

営』日経BP社)
Freiberg, K. & J. (2003) *Guts! Companies that Blow the Doors off Business-as-usual.* (小幡照雄訳〈2004〉『仕事はカネじゃない──破天荒2』日経BP社)
Greenleaf, R. K. (1991) *The Servant as Leader.* (グリーンリーフセンター・ジャパン訳〈2004〉『サーバント・リーダー』グリーンリーフセンター・ジャパン)
Greenleaf , R. K. (1996) *On Becoming a Servant-Leader.*
Greenleaf , R. K. (2003) *The Servant Leader Within: A Transformative Path.*
Greenleaf , R. K. (1998) *The Power of Servant Leadership.*
McGee-Cooper, A. (2001) "The Essentials of Servant-Leadership, Principles in Practice"
O'Reilly, C. & Pfeffer, J. (2000) *Hidden Value: How Great Companies Achieve Extraordinary Results with Ordinary People.* (廣田里子・有賀裕子訳〈2002〉『隠れた人材価値』翔泳社)
Spears, L. C., (2005) 'The Understanding and Practice of Servant-Leadership', "*The International Journal of Servant-Leadership*".
Weber, M., (1920) *Die protestantische Ethik und der 'Geist' des Kapitalismus.* (大塚久雄訳〈1989〉『プロテスタンティズムの倫理と資本主義の精神』岩波書店)
伊集院憲弘 (1998)『社員第一, 顧客第二主義──サウスウエスト航空の奇跡』毎日新聞社
伊藤健市・田中和雄・中川誠士編 (2002)『アメリカ企業のヒューマン・リソース・マネジメント』税務経理協会
金井嘉宏 (2002)『組織を動かす最強のマネジメント心理学』中経出版
金井嘉宏・高橋潔 (2004)『組織行動の考え方』東洋経済新報社
金井嘉宏 (2005)『リーダーシップ入門』日経文庫
紺野登 (2004)『創造経営の戦略』筑摩書房
野中郁次郎・紺野登 (1999)『知識経営のすすめ』筑摩書房
福原義春 (1998)『部下がついてくる人』日本経済新聞社
グリーンリーフセンター・ジャパン (2005)『サーバント・リーダーシップ基礎講座, 理論編・実践編テキスト』

■**参考ウェブサイト**

Southwest Airlines (http://www.southwest.com/)
The Robert K. Greenleaf Center for Servant-Leadership (http://greenleaf.org/)
グリーンリーフセンタージャパン (http://www.gc-j.com/index.html)
資生堂 (http://www.shiseido.co.jp/)

第7章
組織におけるコミュニケーション改善の新しい視座
— 「禅問答」の方法論をめぐって —

1 はじめに

　筆者は，組織開発を専門とするコンサルタントである。日々，「人と組織」の課題と悪戦苦闘するなかで，「組織の本質とはなにか」を問うとき，個の限界を超え，より大きななにかをなし遂げることであり，それが組織の醍醐味であると実感している。

　しかし，現場からは，「組織の犠牲になる」，「個を殺して，金太郎飴になる」などの声を耳にすることも多い。しばしば，「人と組織」が，二項対立的にとらえられ，組織のなかで，個が生きていないという現状がある。人間は多様であり，その欲求も多岐にわたる。その多様な個が集まり，組織としてなにかを達成するには，なにかしらのかたちで，多様な個を統合する必要が出てこよう。

　つまり，「人と組織」の課題の根底には，「いかに個人の成長と組織の成果を整合させ，相乗させるか」という「個の差異の組織としての統合」の問題が横たわっているといえるのではないだろうか。多様な個人の独自性を最大限生かしながら，組織としてのまとまりをもちつつ，成長したり，成果をあげるという，「差異の統合」の問題は，根源的な課題であると考える。

　それでは，この「個の差異の組織としての統合」という課題を達成し，組織の醍醐味を享受するには，どうしたらよいのであろうか。ウィルバー(2002)は，「成長(development)とは包み込み(envelopment)でもある」とし，エコシステム成長のプロセス同様，発達は「『超えて含む』，つまり他のものを含むためにそれ自身の狭さを超える」(邦訳，60-61頁)という。本書では，矛盾を止揚

する弁証法的思考を重視して論を進める。

2　「禅問答」を議論する理由─止揚のための考え方

　P・ミグロムとJ・ロバーツ（1977）は「現代の経済における生産性増大の大部分は，専門化（Specialization）を通じて達成されており，いかなる個人も自分が最終的に使用する財を作るために必要な仕事のごく一部しか行わない」（邦訳，53頁）としたうえで，「経済組織の主要な役割は，個々人の行動をコーディネートし，計画に即した行動をとるよう動機づけることである」（邦訳，53頁）と指摘する。

　「差異の統合」をいかに達成するかは，大きくいうと，いかに調整するかという，コーディネーションと，いかにやる気をもって仕事に取り組むか（または，取り組んでもらうか）というモチベーション，の2つに集約される。

　差異の思想を個人から，組織や社会に広げるアレント（1994）は「人びとは活動と言論において，自分がだれであるかを示し，そのユニークな人格的アイデンティティを積極的に明かにし，こうして人間世界にその姿を現わす」（邦訳，291頁）とし，差異ある複数の人間の存在と，そのなかでの「言論」の意義を示唆している。

　つまり，差異を止揚し，統合を達成するには，コーディネーションとモチベーションが必要であり，その道筋を示す具体的方法論として，「言論」つまり，コミュニケーションに重要なヒントがあると考えた。別言すると，コミュニケーション活動こそ組織なのである（ワイク，1995）。

　さて本章で筆者は，コミュニケーションのなかでも「禅問答」を取りあげ，鈴木大拙（臨済宗）と田里亦無（曹洞宗）に従いながら，その特徴と限界を探求したい。そして，要点となると思われる3つの概念「内省」「一如」「無自性」に注目し，そこから得られる知見の応用を検討していくこととする。

　それでは，以下では「禅問答」を取りあげる，主な3つの理由を考えてみよう。

¶ 既存の枠を壊す方法論

「禅問答」を取りあげる理由であるが，筆者としてひとつめは，「既存の枠を壊す方法論」として注目した。

リチャード・フロリダ（2007）は，「現代はまさに変革の時代である。私たちが経験しているのは，この一世紀以上の間で最大，それもとりわけ大きい変化のようだ。原材料から製品をつくる古い産業システムから，人間の才能と想像力の限界のみが制約であるクリエイティブな経済へと，すべては日々新たに変化している」（邦訳，33頁）と指摘する。

質の異なる変化の加速化，不確実性の増大する現在において，既存の枠に囚われない発想やビジョン，戦略，組織行動の重要性は日々増しているといえよう。「郵便馬車をいくら連続的に加えても，それによってけっして鉄道をうることはできない」（シュムペーター，1997，邦訳，180頁）のである。つまり，一生懸命努力するだけでは卓越した成果につながらない（寺本，原田，2007，32頁）現実に直面し，企業が根本から変化せざるをえない状況が立ち現れている（野中，紺野，2007，i頁）のである。しかし，ほとんどの企業，そしてそこで働く個人が，根本的なところで変革に成功しているようにはみえないのが，筆者の実感である。

一方，禅における悟りは，「人生および世界全体に対して，吾々の今までの立場を全くひっくりかえして，新たな観点を得る」（鈴木，1990，86頁）ことであり，この体験をすることが，禅の目的である。根本的な変化こそが，禅の真骨頂なのである。

¶ 実践や体得の重視

2つめの理由として，実践，体得を重んずる方法論であることに注目した。筆者は，実務のなかで，社長室の額に飾ってある，お題目だけのビジョンや，精緻に計画されているが，実施されずに終わってしまった戦略をいやというほど見てきた。お題目だけのビジョンや実施されない戦略が意味のないことはいうまでもない。

一方，代表的禅語に「不立文字」がある。鈴木（1987）は，「禅は，論理的分析や知的処理の支配は受けない。……（中略）……内なる心の中で，じかに身をもって体験しなければならない」（57頁）という。不立文字（文字を立てず）とは，本当に大切な，悟りにつながる真理は，言葉では伝えられない，自らが，実践で体得するしかないという，実践を重んじる禅の特徴を表すものである[1]。

¶ 主客一体的な思想

最後に，禅の「主客一体的な思想」を評価している。機械的世界観と要素還元主義の貢献と弊害について，カプラ（1979）は，「デカルト哲学の分割と機械論的な世界観は古典物理学と科学技術の発展という効用をもたらしたが，同時に文明をそこない多大な損失をももたらしたのである」（邦訳，25頁）と指摘している。

また，田坂（1993）は，機械的世界観と要素還元主義を車の両輪とする「知」のパラダイムを「機械論パラダイム」としたうえで，「機械論パラダイムにもとづく科学の発展と科学的手法の成功があった一方で，われわれは機械論パラダイムの持つ限界にも改めて気づきつつあります」（18頁）としている。そして，その限界について，「全体を分割するたびに，大切な何かが失われていく」（18頁）と指摘する。個別に分解し，分析する方法論には，有機的な関係性という生命的な働きを見落とすという重大な落とし穴がある。

一方，禅語に「天地ト同根，万物ト一体」という言葉がある。すべてのものは，それぞれの有機的な結びつき，関係性によって成り立っているという考え方である。

近代文明の行き詰まりは，地球環境問題，食糧危機，貧富の差の拡大，民族紛争などとなって，現前している。そして，禅の主客一体的な思想は，機械的世界観と要素還元主義の反対に位置する[2]。つまり，禅の思想には，近代文明の根本思想である，これら2つの考え方を超えるヒントがあると考えた。

以上，「禅問答」を取りあげる3つの理由は，図表7-1に要約できる。

図表 7-1 「禅問答」を取り上げる理由と禅語

理　　由	対応する禅語
既存の枠を壊す	天上天下唯我独尊
実践・体得を重視する	不立文字
主客一体的思想	天地ト同根，万物ト一体

出所：著者作成

3　禅と「禅問答」

¶　禅の目的と方法論としての「禅問答」

　鈴木（1987）は，「禅は，仏教の精神もしくは真髄を相伝するという仏教の一派であって，その真髄とは，仏陀が成就した〈悟り〉（bodhi，菩提）を体験することにある」（13頁）と述べ，「禅の意図するところは，つねには智慧が眠っている意識の奥底から，その智慧を喚び覚ますことにある」（14頁）とする。

　さらに，禅を象徴するものとして「問答」をあげ，「禅はこの著しい特色を，『問答』の形で示している。禅の『問答』は生命そのものからほとばしり出で，思惟作用や表象作用ごときの介入を抜きにして，じかに生命にぶつかる」（14-15頁）と述べている。

　禅問答と聞くと，どんなイメージをもつのであろうか。周辺の人びと 10 名に「禅問答とは，○○である」の空欄を埋めてもらったところ，次の 2 つに集約された。難解と非論理的だということである。禅問答に対して，「わけがわからなくて，辻褄が合ってない」という印象を多くの人が抱いている。

　代表的な禅問答に，次のようなものがある。もと儒者であった龐居士が馬祖（788 年没）にたずねた。「何者とも交わらぬ人とは，どんな人でしょうか」。

　師は答えた，「あなたが西江の水を一息に飲みほした時に教えよう」。

　「真理をつかんだ人はどのような人でしょうか」という仏法の本質に迫る質問に対し，なんとも不真面目な応対としか思えない。一見，確かに，「わけが

わからなくて，辻褄が合っていない」。しかし，ここで注意しなければならないのは，これが達人どうしの問答である点である。

この問答は，凡人の理解を超えたところにある。鈴木（1987）は，この問答について「この禅の2大名将の問答がいたずらな遊戯であろうはずがない。いかにのんきに，またなげやりにさえ見えようとも，そこには禅文学のもっとも貴い珠玉が隠されている」(66頁)といい切る。

つまり，禅の目的は，「悟りの体験」であり，そのためには，「智慧が眠っている意識の奥底から，その智慧を喚び覚ます」ことが必要であり，その方法として「禅問答」があるということになる。

¶ 「禅問答」の主な特徴

「禅問答」の際立った特徴として，特に2つがあげられる。ひとつには，言語の限界を超越していることである。

鈴木（1997）は，「禅では矛盾も排中も，そっちのけで，自分の主張を丸出しにするのが，その得意とするところである。それで『柳は緑ならず，花は紅ならず』と，真っ向から否定のように，攻め立てる。言葉の不完全性をよく呑み込んでいるからである」(19頁)という。

趙州和尚にある僧が，「達磨大師がはるばるインドからやってこられた意図は何ですか」と尋ねた。すると趙州は，庭を指して「あの柏の樹じゃ」と答えられた。(『無門関』三十七則)

達磨がインドから中国へ来て伝えた仏法の精神，仏法の真髄を問うた僧に対して，「庭先の柏の樹だ」と答えた和尚の意図はどのようなものであったのか。

井筒（1991）は，「問答は古来，座禅とならんで重要な精神修練の形式であり，悟りの深度を測る極めて有効な手段ですらあった。とすれば，問答する2人の禅者の間には何らかのコミュニケーションが成立しているはずである。日常的条件の下では無意味としか考えられないような言葉のやりとりが，現に問答し

ている2人の禅者にとっては普通以上に有意味であるのでなければならない」(358頁)という(3)。禅問答が「重要な精神修練の形式」であるならば，言葉で伝えきれない真理を言葉で伝える方法論であるはずである。

禅問答とは，言葉や概念では表現しきれない真理を明らかにするための，きわめて高度な方法論であり，切磋琢磨法である。言語の限界を知り尽くし，自由無碍に，言語を駆使し，言語のもつ枠や常識を超え本来の目的にまっしぐらに向うのである。ちょうど，デフォルマシオンされた絵画が，詳細な写実画よりも，ものごとの本質を，強烈なインパクトとして見るものに残すことがあるように，魂を揺り動かす，意識を呼び覚ます「劇薬」となるのである。

2つめに，禅はきわめて厳しい修練を要求することである。「禅の真理は，全人格の総力をつくして当らねば，けっして得られない。……（中略）……生涯の最高の大事である。怠け者は，あえて近寄ろうともしないであろう。これこそ実に，あなたの人格を鍛えに鍛える精神の鉄床」(鈴木, 1987, 65頁)である。

唐代末期の偉大な禅匠・雲門は，その師・睦州に教えを求め，3度その門を叩き，3度目にして相見を許されたという。

「睦州はたずねた，『お前は誰か』。『文偃と申します』と僧は答えた。(文偃がかれの名であって，雲門はのちにかれが住した僧院の名である)。求道の僧が門内に入ることを許されるやいなや，師はその胸倉をつかんで，『言え，言え』と迫った。雲門は躊躇した。と見るや，師は『この役立たずめが』と言って，かれを門の外に突きだした。門が急に閉まったので，雲門の片脚ははさまれて折れた。明らかにこの激痛が，あわれな僧を人生の大事に目覚めさせた」(鈴木, 1987, 56頁)。

片脚を失ってまでも仏教の真理を会得しようとした雲門であったが，師は弟子の悟りのために非合理なまでに厳しく処している。真剣勝負のやりとりが，「智慧が眠っている意識の奥底から，その智慧を喚び覚ます」(鈴木, 1987, 14頁)ことを成し遂げさせたのである。

常識でいうコミュニケーションの枠をはるかに超えたところに「禅問答」が

ある。その真剣さ，厳しさは，恐ろしいほどのものである。

¶ 組織に応用する際の３つの障害

以上の議論から，３つの障害が浮かびあがってくる。

ひとつに，個人の体験を絶対視するため，体系化が困難であり，またそもそも体系化になじまないことからくる，「習得の難易度」の高さである。また，これに関連して，個人的な閉じられた世界になりがちであり，学習の地平が狭くなるおそれがあることである。

２つに，「悟りに対する強烈な意識」を前提とし，師匠と禅僧が繰り広げるこの世界には，かなりの高度な精神的習熟，人間的技量や技術を要するという意味で，一般化が困難であることである。

３つに，「師匠の存在」である。禅問答では悟りに達した師匠を前提とする。悟りとは，「妨げていたものがなくなるので新たな天地が開ける。その天地は限りなくひろがって，また，時の窮極まで到達する」(鈴木，1990，91頁)というものである。卓越しきった境地への到達を広く求めるには無理がある。

それでは，以上３つの障害を踏まえ，組織へ応用するにはどうしたらよいのであろうか。キーポイントとなると思われる３つの概念である「内省」，「一如」，「無自性」に注目することが，手掛かりになると思われる。つまり，この３つの概念の浸透が，知見を活かすことになると考える。

4 「禅問答」のキーポイント

¶ 内省の意味

道元が，宋の国へ留学中，座禅の道場で古人の語録を読んでいたとき，次のような問答があったことが，『正法眼蔵随聞記』(三―七)に記されている。

「なにの用ぞ。(語録を見て何の役に立つのか。)」
「郷里に帰ツテ人を化せん。(くにに帰って人を導くためだ。)」
「なにの用ぞ。(それが何の役に立つのか。)」

「利生のためなり。(衆生に利益を与えるためである。)」
「畢竟じて何の用ぞ。(結局のところ何の役に立つのか。)」

　道元は,「究極のところなんなんだ」というぎりぎりまで迫る,僧の問いかけにより,おのれの行っていることの意味を深く「内省」することになった。そして,視点を広げ,深め,自分すら気付かなかった潜在的な視点を引き出すことになった。いままでの自分の常識を捨て,後に「一生参学の大事を明らかにしえた」という。
　また,道元の『正法眼蔵』95巻は「仏教の真髄を真正面から解き明かした雄大な宗教書」(水野弥穂子訳,筑摩書房,1992年,411頁,水野の言による)として有名であるが,その核心を示す「現成公案」に,次の言葉がある。

　仏道をならふといふは　　自己をならふなり
　自己をならふといふは　　自己をわするるなり
　自己をわするるというは　万法に証せらるるなり

　仏の道を知るには,己を知り尽くすことだという。なにを習うにしても,まずは,みずからが何者なのかに深く入り,自己を確立しないことには,上達することはない。なによりも自己を修めることが先決となる。
　禅問答とは,おのれとはなにか,己の存在そのものを深く探り当てるための過酷なまでの「内省」を通じ,自分自身の奥にあるものの体得を強烈に引き起こす働きをしている。
　「汝自身を知れ」。哲学は,この命題から始まった。禅も哲学同様,まずみずからを深く掘り下げることを出発点として求める[4]。自分自身を掘り下げることで,自分らしいイノベーションに結びつく。禅問答の目的は「智慧が眠っている意識の奥底から,その智慧を喚び覚ます」,悟りにあり,その出発点は「内省」である。

¶ 「一如」というコンセプト

　「一如」の如は、ごとしである。主体と客体とは「一体」にはなるが、それらはまったく同一になるのではない。主体は主体のままで一如となり、客体は客体のままで一如となる（田里, 1973, 102頁）。この概念を如実に示す逸話をみる。

　ある日、一人の武士が柳生宗厳を訪れた。
　その武士は、何年もたずね求めていた親の仇をやっと見つけ、明日がその者との勝負の日だという。しかし、家貧しく、生活に追われていたその武士は、今まで、刀法を学ぶ機会がなかったという。そこで、その武士は天下に比類なき剣の達人に、敵に勝つ術を教えてもらいに来たのだった。涙を流し哀願する武士を憐れみ、宗厳は伝えた。
　「剣の使い方はいろいろあって一朝一夕で学べるものではない。しかし事はもう明日に迫っている。教えてやろう。一つある。それはまだ他に伝えたことはないが、こういうことである。
　刀の切っ先で人を斬る者は敗れ、刀のつばで人を斬る者は勝つ。敵にあったら、つばで斬れ。これが一言でいえる極意だ」（田里, 1994, 162-163頁）

　「一体」といっても違うものが、まったく同じものになることはできない。そこで、一如が大切になるのである。一つの如しである。同一になるのではなく、まるで一つになったの如く、一体感をもってことにあたるのである。
　剣の極意は、全身剣となり、相手にぶつかっていくことなのである。道元は『正法眼蔵』において「身心を挙して色を見取し、身心を挙して声を聴取する」と述べているが、それは、身だけでもなく、心だけでもなく、全身全霊でことにあたるということである。心をこめて、そのものになってしまったように、溶け込むのである。
　対人の場合も同じである。苦しんでいる人がいれば、苦しみを感じ、楽しん

でいれば，その楽しみを共感し共有する。その人の立場になりきって，みるということである。

そして，一如になるには，どのような精神状態になっている必要があるのだろうか。自己顕示や自己の保身，エゴがない状態になっていると考えられる。それは，エゴがあっては，そのエゴが邪魔をして，一如にはなれないからである。要するに，「自己をわするる」（道元）ことが肝要となる。エゴを捨て去ることで，本来の自己があらわになる。新しい次元の力に満ちた自己を獲得し，十二分に力を発揮する自分に戻れるのである。

¶ 無自性の意味

機械的世界観と要素還元主義について，個別に分解し，分析する方法論には，有機的な関係性という生命的な働きを見落とすという重大な落とし穴があることは以前に述べた。

『正法眼蔵』に「無自性」という言葉がある。田里（1973）は，この概念について，人間の「目」を例にとり，分かりやすく説明している。

「人間の目は，多くの細胞によって構成されている。言い替えれば，多くの細胞によってあらしめられている。その目を人間のからだから取り出して『これが目だ』といっても無意味である。それは人間のからだから離れた瞬間，もはや目の動きをしない。したがって目とはいえないのである。目は人間において他の器官と一体になってこそ，目たりうるのである。」（7頁）

いっさいの事物（諸法・万法）は，種々さまざまの諸要素の有機的組み合わせによって成り立ち，それ自身独自の特性というべきものは，なにひとつもないのである（田里，1973）。

ソシュール（1949）は，「言語には差異しかない」と言語を差異の体系としてとらえた。また，ヴィトゲンシュタイン（2003）は「彼は何々を理解した，と言う権利を我々に与えるものは，彼がそのときした体験ではなく，彼がその体

験をしたときの状況なのである」(邦訳, 117頁, 下線は筆者) という。

つまり, 意味や価値は使用する人の置かれた立場や関係, 歴史や文化をも包含し, それらを通して生まれいずるものなのである。われわれは, 差異ある関係性, 相互恩恵のネットワークによって生かされている存在なのである(5)。

5　おわりに

¶　「禅問答」におけるキーポイントの関係性

「知行合一」という言葉があるが, 抽出したキーポイントの関連性を「知」と「行」でモデル化したい。「知」つまり, 認識レベルに属するのが, 「内省」である。そして, 「行」つまり, 行動レベルに属するのが「一如」である。そして, 「知」「行」の土台となる社会観ともいえるものが, 「無自性」である (図表7-2参照)。

まずは, みずからを繰り返し深く掘り下げること (内省) がスタートとなる。そして, エゴがない状態で, 全身全霊でことにあたる (一如)。その行動の結果を内省し, 内省を生かし行動する。内省と行動の循環の基盤には, 差異ある関係性, 相互恩恵のネットワークによって生かされている (無自性) という社会観がある。

社会観を基盤として, 認識と行動を両輪で回転させることが重要である。

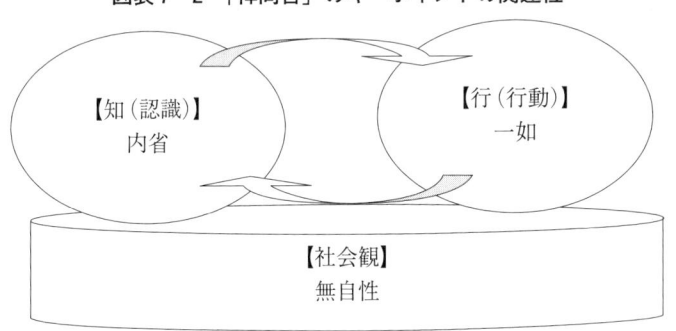

図表7-2　「禅問答」のキーポイントの関連性

【知（認識）】
内省

【行（行動）】
一如

【社会観】
無自性

出所: 著者作成

これに関連してワイク (2001) は，戦略を，行動により生きたものにする重要性を次のようにいう。「部下たちはよく道を見失うものだし，リーダーですらどこへ行くべきか確と知っているわけではない。リーダーが知っていることといえば，困難に直面したとき手に持っている計画とか地図では脱出するのに十分ではないということである。このような状況に直面したとき，リーダーのなすべきことは，部下に自信を植えつけ，何らかのおおまかな方向感覚で部下を動かし，彼らが自分たちのいた場所を推定し，いまどこにいるのか，またどこへ行きたいのかがもっとよくわかるように，行為によって生み出された手掛かりに部下たちが注意深く目を向けるようにすることである。」(邦訳，75頁)

¶ 残された今後の研究課題

以上，「禅問答」の経営組織への応用の道筋を検討すべく，「内省」，「一如」，「無自性」という3つの概念に注目し，論を進めてきた。それでは，こうした知見を組織に根付かせるにはどうしたらよいのであろうか。

知っている上位者が，知らざる下位者に対する知識伝達モデルだけではうまくいかないことは，確かである。ライル (1987) が「医学をほとんど知らない人，あるいは医学にまったく無知な人が優れた外科医であることはありえない。しかし，外科手術において卓越しているということは医学の知識をもっているということと同じことではない」とし，「教授を受けたり」「帰納」「観察」と同時に，「実践を通して」の習得の重要性を指摘しているように (邦訳，59頁)，実践を通じた体験・体得モデルが主体となろう。

そこで，日々の会議や研修を含む人材育成などマネジメント全般に対する考え方，方法論の転換も必要であろう。

清水 (1996) は，「本当の創造，本当の自己発信は，自分の文化の上に立たなければできません。いくら欧米文化に関する知識が評価されるといっても，欧米を追いかけることに気を取られるあまり，自分たちの文化を捨ててしまったらどうなるでしょうか」(25頁) と指摘する。

変革期には，正解を外に求めたり，モデルの模倣に終始するのではなく，自

己の存在を自己に問いかけ，深め，自己否定を繰り返すことが重要であると考える。本書では，われわれの思想体系の根底に流れている重要なひとつである，東洋思想の極点，禅に組織活性化の糸口を求めた。これは，単純な回顧ではなく，超弁証法（メルロ＝ポンティ，1964）的止揚である。今後さらに，足元にある「宝」に知見を求め，検討を続けていきたい。

具体的には，リーダーシップ開発，チームビルディング研修のプログラムへの落とし込み，実施の後，コーチングを交えた深いレベルのインタビュー，併せて，参与観察を行い，実証的な研究を進めたいと考えている。

〈注〉
（1） 鈴木（1954）は仏教の構成要素として，「釈迦の人格」「釈迦の体験」「釈迦の教え」の3要素に加え，4番目に「仏教者の生活体験」を加え，その重要性を強調する。釈迦の人格と体験，教えだけでは仏教は「化石」になってしまう，「後世人がときどきにその流れの中に自分のものを加えて，従来の偉大さを，持続すると同時に，さらに何かまた勢いを加えていく」（26-37頁）とする。つまり，仏教を生き生きとした命あるものにするのは，後世人の体験が必須であるとする。
（2） 身心一如の思想は古代東洋にあっては最も広く行われていた思想であり，儒教にも老荘思想にもみられるが，最も代表的な形では仏教，特に禅の思想にみられる。（山崎・市川，1970，49頁）
（3） また，井筒（1991）はその異質性を，「言語にたいする禅の態度は著しくダイナミックで行動的である。極限的な精神的緊張の真只中に言葉を投げこみ，その坩堝のなかで一挙にその意味志向性の方向を，いわば無理やりに水平から垂直にねじまげる」と表現する。
（4） これに関連して，25年間にわたって多くのマネジャーや専門職を対象にリーダーシップの研究を続ける，Rooke & Torbert（2005）は，「リーダーは自分の行動論理を正しく認識し，これを変革していくべきである。われわれの研究結果を見ると，己を知り，成長しようと努めるリーダーは，自分自身の能力を伸ばすだけでなく，組織のケイパビリティまで変えていける」（邦訳，91頁）と述べ，リーダーが自分自身を知り，成長への道を歩むことが組織能力を向上させることにつながることを指摘している。
（5） たとえば，ガーゲン（1994）は，伝統的な理論家（プレスコット・レッキー，エリック・エリクソン，カール・ロジャース，シーモア・エプスタインら）が，

アイデンティティについて「心の中で達成された，一貫性のある状態」とするのに対し，「決して個人的なものではない―それは，他者に依存した不安定な関係性に乗っかっているようなものだ。今ここでも―われわれの間では―無数の互恵的な反響が生じているのである」としている。アイデンティティを「個人の心の達成」ではなく，「関係性の達成」としてとらえ，「相互に編みこまれる」概念とする。

〈参考文献〉
伊丹敬之・加護野忠男 (2003)『ゼミナール経営学入門』3 版，日本経済新聞社
井筒俊彦 (1991)『意識と本質―精神的東洋を索めて』岩波書店
今田高俊 (2003)「自己組織化の条件」『学習する組織のマネジメント』(ハーバード・ビジネス・レビュー) ダイヤモンド社
懐弉著　水野弥穂子訳 (1992)『正法眼蔵随聞記』筑摩書房
金井壽宏 (2006)「活私開公型のキャリア開発とリーダーシップ開発」金泰昌・山脇直司編『公共哲学 18 組織・経営から考える公共性』東京大学出版会
金井壽宏・高橋潔 (2004)『組織行動の考え方―ひとを活かし組織力を高める 9 つのキーコンセプト』東洋経済新報社
小森谷浩志 (2008)『「フロー理論型」マネジメント戦略―イマージョン経営 12 のエッセンス』芙蓉書房
小森谷浩志 (2007)「経営組織における『禅問答』の方法論の応用」『日本経営情報学会全国大会第 54 回予稿集』69-72 頁
西村恵信訳注 (1994)『無門関』岩波文庫
清水博 (1996)『生命知としての場の論理』中央公論社
鈴木大拙 (1940)『禅と日本文化』岩波書店
鈴木大拙 (1954)『禅とは何か』角川書店
鈴木大拙 (1987)『禅』工藤澄子訳，筑摩書房
鈴木大拙 (1990)『禅問答と悟り』春秋社
禅文化研究所編 (1998)『良寛和尚逸話選』禅文化研究所
田坂広志「21 世紀の知の潮流『生命論パラダイム』」日本総合研究所編 (1993)『生命論パラダイムの時代』ダイヤモンド社
田里亦無 (1973)『道元禅入門』産業能率大学出版部
田里亦無 (1994)『禅で生きぬけ』株式会社コスモ教育出版
寺本義也・原田保 (2007)『無形資産価値経営』生産性出版
道元著　水野弥穂子校注 (1993)『正法眼蔵 (一) ～ (四)』岩波書店
野中郁次郎・紺野登 (2007)『美徳の経営』NTT 出版
Arendt, H. (1958) *The Human Condition.* (志水速雄訳〈1994〉『人間の条件』筑摩書房)

Capra, F. (1975) *The Tao of Physics.*（吉福伸逸ほか訳〈1979〉『タオ自然学』工作舎）

Gergen, Kenneth J. (1994) *Realities and Relationships Soundings in social construction.*（永田素彦・深尾誠訳〈2004〉『社会構成主義の理論と実践』ナカニシヤ出版）

Jantsch, E. (1980) *The Self-Organizing Universe: Scientific and Human Implications of the Emerging Paradigm of Evolution.*（芦沢高志・内田美恵訳〈1986〉『自己組織化する宇宙』工作舎）

Florida, R. (2005) *The Flight of The Creative Class.*（井口典夫訳〈2007〉『クリエイティブ・クラスの世紀』ダイヤモンド社）

Hanh, Thich Nhat (1973) *Zen Keys: A Guide to Zen Practice.*（藤田一照訳〈2001〉『禅の鍵』春秋社）

Merleau-Ponty, M. (1964) *Le Visible et L'invisible.*（滝浦静雄・木田元訳〈1989〉『見えるものと見えないもの』みすず書房）

Milgrom, P. & J. Roberts (1992) *Economics, Organization & Manegement.*（奥野正寛訳〈1997〉『組織の経済学』NTT出版）

Rooke, David & Torbert, William R. (2005) *Seven Transformations of Leadership.*（西尚久訳〈2005〉「変革リーダーへの進化」『ファシリテーター型リーダーシップ』（ハーバード・ビジネス・レビュー）ダイヤモンド社，91頁）

Ryle, G. (1949) *The Concept of Mind.*（坂本百大・井上治子・服部裕幸訳〈1987〉『心の概念』みすず書房）

Schumpeter, Joseph A. (1926) *Theorie der Wirtschaftlichen Entwicklung.*（塩野谷佑一・中山伊知郎・東畑精一訳〈1997〉『経済発展の理論（上）』岩波文庫）

Saussure, F. (1949) *Cours de Linguistique.*（小林英夫訳〈1986〉『一般言語学講義』岩波書店）

Weick, Karl E. (1995) *Sensemaking in Organizations.*（遠田雄志・西本直人訳〈2001〉『センスメーキング イン オーガニゼーションズ』文眞堂）

Wilber, K. (2000) *A Theory of Everything: An Integral Vision for Business, Politics, Science, and Spirituality.*（岡野守也訳〈2002〉『万物の理論』トランスビュー）

Wittgenstein, Ludwig T. (1933) *Logic: Philosophicus.*（野矢茂樹訳〈2003〉『論理哲学論考』岩波文庫）

第8章
企業における障害者雇用の現状と推移
―モジュール化による業務設計をめぐって―

1 はじめに

「障害者の雇用の促進等に関する法律」に基づき，企業には法定雇用率1.8%の障害者雇用が求められている。つまり，1,000人の従業員（常用雇用者）がいる会社では，18人以上の障害者を雇用する法律上の義務がある。この制度により，障害者の社会進出や企業雇用は進んできた。

また，ノーマライゼーション，企業の社会的責任やコンプライアンスが重視され，障害者雇用に目が向けられ，企業はもとより，社会のなかでも関心が高まってきている。たとえば，NPO法人DPI（障害者インターナショナル）日本会議では，インターネット上で障害者雇用の未達成企業名を公表している（2000年，9012社）。

さらに，日本航空障害者雇用株主代表訴訟（1999年）があった。日本航空は障害者の法定雇用率（現行1.8%）を達成せず，年間4,000万円～5,000万円台（未達人数1人当り月5万円）の障害者雇用納付金を国に支払っていた。昭和35年に定められた（納付金制度は同51年）法定雇用率を，長年にわたって達成しないままに，障害者雇用にかえて納付金を払えばよいとして，法定雇用率達成を怠ってきたことは，取締役（前，現社長2名）としての善管注意義務違反であり，納金相当額の損害を日本航空に与えたとして株主代表訴訟が争われた。

障害者雇用率を達成していない企業に対しては，労働局から指導がはいり，「障害者雇い入れ計画」を作成するように命令される。『朝日新聞』の地域版では，栃木労働局の内部資料が入手され，雇用率を達成することができていない

地元の雇用計画命令対象の14社の社名，雇用している障害者の人数，不足人数，障害者の雇用率を公表した（2006年3月）。

　行政指導の強化，自立支援法施行といった社会的背景からも障害者雇用に注意が向けられている。障害者雇用の除外率の撤廃が2004年よりすべての業種で10％引き下げられた。障害者雇用促進法では，障害者の雇用がむずかしいと考えられる業種について，除外率を設定していたが，これにより除外率が厳しくされている。

　ところで，障害者を雇用する方法は，手塚らによれば障害者の雇用・就労の全体的にみた体系は，おおよそ5つの形態からなると考えられている。第1は企業等へ就業する「一般雇用形態」，第2は「自営」による就業形態，第3は雇用形態をもちながらも，保護的環境を配慮した「保護雇用形態」，第4は福祉等での就労による「福祉的就労形態」，第5は直接生産活動を目的としないが，就労を通して社会参加と生活の豊かさを求める「作業活動形態」がある。

　第1の一般雇用形態をさらに分類すると，一般企業での直接雇用，または特例子会社に就職することになる。

　特例子会社とは，事業主が障害者の雇用に特別の配慮をした子会社を設立し，一定の要件を満たす場合には，その子会社に雇用されている労働者を親会社に雇用されているものとみなして，親会社の障害者雇用率を計算することができる制度であるが，障害者を雇用することに関して「特例子会社の経営・労働条件に関するアンケート調査結果報告」（東京経営者協会，2004）によると，設立動機として「企業の社会的責任」，「法定雇用率の達成」が多い，としている。要するに，障害者雇用の目的が，社会的，法律的責任を果たすことであるケースが多い。

　しかしながら，「障害者雇用の取り組みにより，サービス向上につながり，働き方やサービスの仕方・目線が変わってきた」（柳井・土屋，2006）という企業もあり，雇用の必然性から障害者を雇用するケースが多いものの，雇用することにより，企業活動のある側面が変化しているとも考えられる。

日本は，2007年に団塊の世代の退職を迎え，労働力をどのように維持していくかという問題に直面している。労働力の確保は，女性，高齢者，若者，外国人といった，これまで重要視されてこなかった異質のヒューマンリソースをいかにして有効に活用していくことの必要性が問われている。これまで軽視されがちだった「異質力」をどれだけ有効に活用できるかという点に，障害者雇用も大きな役割を担っている。

　ハーズバーグは，仕事をする動機は内面から来るとし，「動機づけ要因」として，仕事の達成感，仕事に対する責任，自己の成長をあげている。ヒューマンリソースのポテンシャルを最大化する方法として，内発的動機を追及することが企業のなかで成果をあげてきているが，これと同じことが障害者雇用のなかにも求められている。

　障害者の就労における取り組みは進みつつあるように思えるが，多くの企業では障害者は特定の職域，仕事というルールが暗黙のなかで決められている。なんらかのサポートが必要になるから障害者であることは事実ではある。しかし，新たな職域や仕事の開拓，適切な仕事ができる環境整備，また雇用している障害者のスキルアップ，自己成長を行うことにより，これまで以上の活躍する場が創出できると考える。

　経営環境が大きく変化するなかで，企業の経営，雇用のスタイル，個人と組織の関係，人材に対する考え方や企業の社会的責任のあり方も大きく変化している。そのなかで，障害者雇用にも変化が求められている。

　本章は，企業における障害者雇用が雇用率達成という法的規制を遵守する以上に，企業にとって障害者を雇用することの意義を明らかにすることを目的とする。

2　障害者雇用の実態

¶　民間企業における雇用状況

　「障害者の雇用の促進等に関する法律」は，ひとり以上の身体障害者または

図表 8-1 民間企業における雇用状況（法定雇用率 1.8%）

区分	①企業数	②法廷雇用障害者数の算定の基礎となる労働者数	③障害者の数						④実雇用率 E÷②×100	⑤法定雇用率達成企業の数	⑥法定雇用率達成企業の割合
			A. 重度身体障害者及び重度知的障害者	B. 重度身体障害者及び重度知的障害者である短時間労働者	C. 重度以外の身体障害者,知的障害者及び精神障害者	D. 精神障害者である短時間労働者	E. 計 A×2＋B＋C＋D×0.5	F. うち新規雇用分			
民間企業	企業 67,168 (65,449)	人 18,652,344 (18,091,871)	人 74,993 (71,678)	人 4,047 (3,456)	人 129,446 (122,254)	人 543	人 283,750.5 (281,833) ⟨269,066⟩	人 26,113.0 (25,546) ⟨23,530⟩	% 1.52 (1.51) ⟨1.49⟩	企業 29,120 (27,577)	43.4 (42.1)

注1：②欄の「法定雇用障害者数の算定の基礎となる労働者数」とは，常用労働者総数から除外率相当数（身体障害者及び知的障害者が就業することが困難であると認められる職種が相当の割合を占める業種について定められた率を乗じて得た数）を除いた労働者数である。

2：③A欄の「重度身体障害者及び重度知的障害者」については法律上，1人を2人に相当するものとしており，E欄の計を算出するに当たりダブルカウントを行い，D欄の「精神障害者である短時間労働者」については法律上，1人を0.5人に相当するものとしており，E欄の計を算出するに当たり0.5カウントとしている。

3：A，C欄は1週間の所定労働時間が30時間以上の労働者であり，B，D欄は1週間の所定労働時間が20時間以上30時間未満の労働者である。

4：F欄の「うち新規雇用分」は，平成17年6月2日から平成18年6月1日までの1年間に新規に雇い入れられた障害者数である。

5：( )内は平成17年6月1日現在の数値である。なお，精神障害者は平成18年4月1日から実雇用率に算定されることとなった。

6：⟨ ⟩内は精神障害者を除いた場合の数値である。

出所：厚生労働省 (2006)『平成18年度6月1日現在の障害者の雇用状況について』

知的障害者を雇用することを義務づけている事業主等から，毎年6月1日現在における身体障害者，知的障害者及び精神障害者（以下「障害者」という）の雇用状況について報告を求めている（図表8-1，2）。平成18年6月1日現在の障害者の雇用状況は，民間企業の実雇用率は1.52%であった。

民間企業（56人以上規模の企業，法定雇用率1.8%）に雇用されている障害者の数（重度身体障害者及び重度知的障害者は，法律上1人を2人に相当するものとしてダブルカウントを行い，精神障害者である短時間労働者については，法律上1人を0.5人に相当するものとして0.5カウントとしている）は283,750.5人で，前年より5.5%（約1万5千人）増加し，約28万4千人となっ

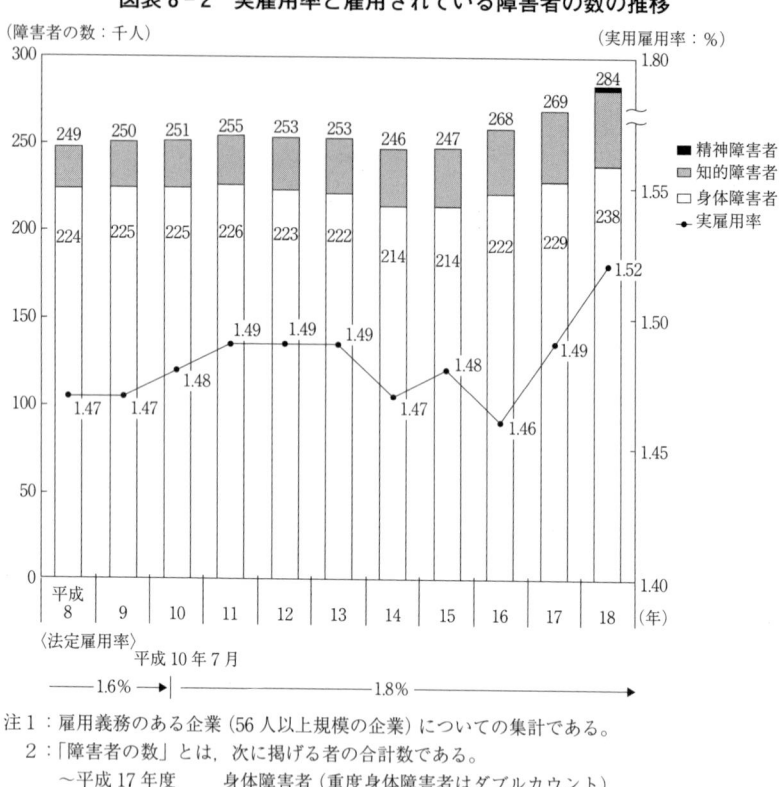

図表8-2 実雇用率と雇用されている障害者の数の推移

(障害者の数：千人)　　　　　　　　　　　　　　　　　　　　　　　(実用雇用率：％)

凡例：
■ 精神障害者
▨ 知的障害者
□ 身体障害者
―●― 実雇用率

年(平成)	合計	身体障害者	実雇用率
8	249	224	1.47
9	250	225	1.47
10	251	225	1.48
11	255	226	1.49
12	253	223	1.49
13	253	222	1.49
14	246	214	1.47
15	247	214	1.48
16	268	222	1.46
17	269	229	1.49
18	284	238	1.52

〈法定雇用率〉
平成10年7月
――― 1.6% ――→ ｜――――― 1.8% ―――――→

注1：雇用義務のある企業(56人以上規模の企業)についての集計である。
2：「障害者の数」とは，次に掲げる者の合計数である。
　　～平成17年度　　　身体障害者(重度身体障害者はダブルカウント)
　　　　　　　　　　　知的障害者(重度知的障害者はダブルカウント)
　　　　　　　　　　　重度身体障害者である短時間労働者
　　　　　　　　　　　重度知的障害者である短時間労働者
　　平成18年度　　　　身体障害者(重度身体障害者はダブルカウント)
　　　　　　　　　　　知的障害者(重度知的障害者はダブルカウント)
　　　　　　　　　　　重度身体障害者である短時間労働者
　　　　　　　　　　　重度知的障害者である短時間労働者
　　　　　　　　　　　精神障害者
　　　　　　　　　　　精神障害者である短時間労働者
　　　　　　　　　　　　(精神障害者である短時間労働者は0.5人でカウント)
3：障害別に四捨五入をしている関係から，障害別内訳と合計値は必ずしも一致しない。
出所：図表8-1と同じ

図表 8-3 障害者不足数階級別の法定雇用率未達成企業数

区分	①法定雇用率未達成企業の数	②不足数								③障害者の数が0人である企業数
		0.5または1人	1.5または2人	2.5または3人	3.5または4人	4.5人以上9人以下	9.5人以上20人以下	20.5人以上50人以下	50.5人以上	
規模計	38,048 (100.0%)	22,319 (58.7%)	7,901 (20.8%)	3,532 (9.3%)	1,905 (5.0%)	1,790 (4.7%)	436 (1.1%)	141 (0.4%)	24 (0.1%)	24,403 (64.1%)
56～99人	13,533 (100.0%)	13,533 (100.0%)								13,501 (99.8%)
100～299人	17,121 (100.0%)	7,540 (44.0%)	6,462 (37.7%)	2,194 (12.8%)	791 (4.6%)	134 (0.8%)				10,575 (61.8%)
300～499人	3,375 (100.0%)	726 (21.5%)	821 (24.3%)	772 (22.9%)	571 (16.9%)	485 (14.4%)				291 (8.6%)
500～999人	2,337 (100.0%)	379 (16.2%)	470 (20.1%)	429 (18.4%)	398 (17.0%)	582 (24.9%)	79 (3.4%)			30 (1.3%)
1000人以上	1,682 (100.0%)	141 (8.4%)	148 (8.8%)	137 (8.1%)	145 (8.6%)	589 (35.0%)	357 (21.2%)	141 (8.4%)	24 (1.4%)	6 (0.4%)

注1：上段は企業数，下段は当該企業規模階級内における構成比。
　2：②欄の「不足数」とは，法定雇用率を達成するために，現在の雇用障害者数に加えて雇用しなければならない障害者の数である。
出所：図表8-1と同じ

ている。このうち，身体障害者は238,267人，知的障害者は43,566人，精神障害者は1,917.5人であった。実雇用率は1.52%（前年は1.49%），法定雇用率達成企業の割合は43.4%（前年は42.1%）であった。

実雇用率が，前年に比べて0.03%ポイント上昇し，1.52%となった。（精神障害者が実雇用率の算定対象とされていなかった前年と同様に算定すると，前年に比べて0.02%ポイントの上昇で，1.51%）実雇用率が1.5%台となったのは、初めてである。

また，法定雇用率達成企業の割合が，前年に比べて1.3%ポイント上昇し，43.4%となり，障害者雇用の着実な進展がみられる。

¶ 法定雇用率未達成企業の状況

法定雇用率未達成企業のうち，不足数が0.5人または1人である企業（1人不足企業）が，58.7%と過半数を占めている（図表8-3）。また，障害者を1人も雇用していない企業（0人雇用企業）が，法定雇用率未達成企業の64.1%となっている。法定雇用率を達成していない大企業は，1,682件であった。

3 障害者雇用を行うことによる企業内の変化

ここでは，独立行政法人高齢・障害者雇用支援機構障害者職業総合センターが，2005年12月〜2006年1月に行った障害者雇用が事業所の活動にもたらした影響についてのアンケート調査結果をみていく。これは障害者の雇用や職場復帰に際し，実際の障害者雇用が企業の活動や価値にどのような影響を与えているか調査したもので，回収は54部であった。

¶ プラスの影響

6分類21項目，228件があげられた（図表8-4）。分類の内訳は，「① 経営過程の変化」の112件，「② 企業風土の変化」の22件，「③ 商品・サービスに関しての変化」の2件，「④ 企業イメージ」の60件，「⑤ 経営・財務業績」の27件であった。これによると①と④に回答が集中している。

障害者雇用のプラスの影響項目として，①「コミュニケーションの活性化」（25件）がもっとも高く示された。障害者の受入をきっかけに，社内の問題を協議して解決しようとする風土が強化した，障害者を支えるための部署間のコミュニケーションが発生したことが示されている。これにつづくのが④の「社会的責任の分担」や「社会貢献の充実」などである。

もっとも多い「① 経営過程の変化」としては，コミュニケーションの活性化のほかに「人事管理のノウハウの充実」，「作業方法の改善」が上位にあがっている。障害者の雇用管理に携わることにより若手のマネジメントスキルの向上，成長した例もみられる。

つぎに多かった「④ 企業イメージ」では，前述した社会的責任の分担，社会貢献の充実のほか，障害者雇用の拡大が上位にあがっている。全社的に障害者雇用を推進して社会的イメージを高めたり，マスコミなどの取材で取りあげられることにより，CSRの一環として障害者雇用が受け入れられつつあることを示している。

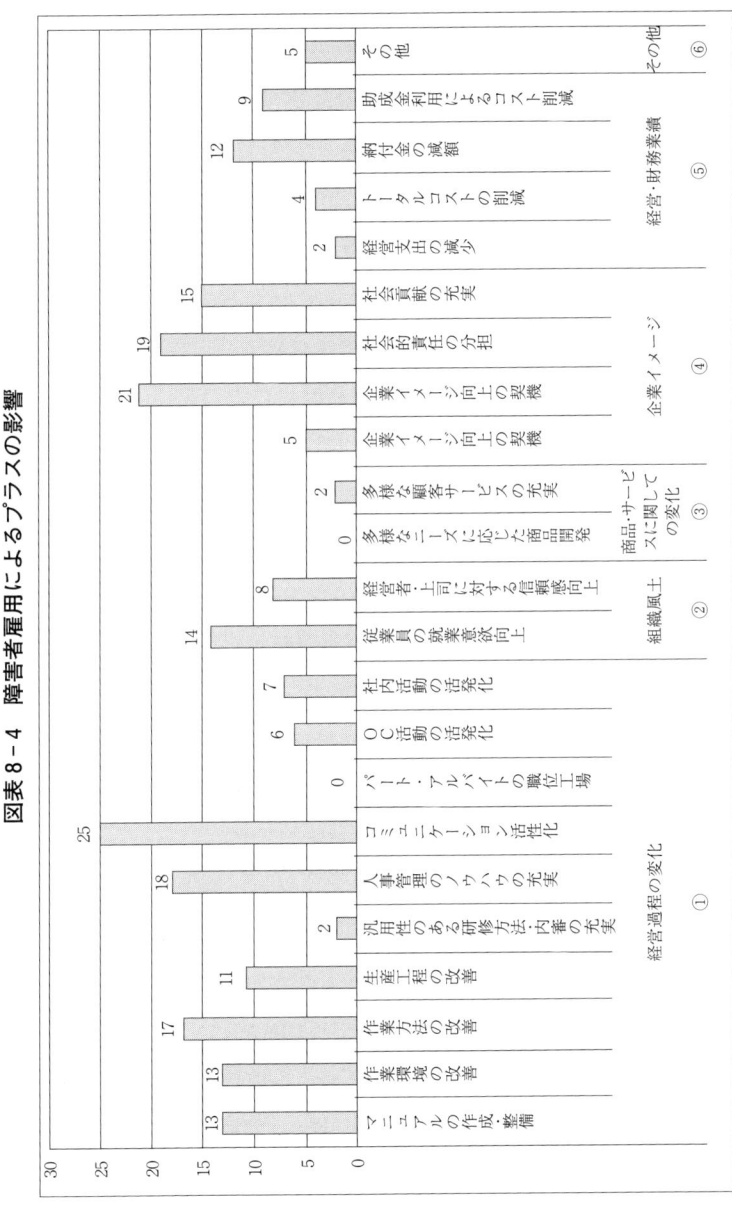

第8章 企業における障害者雇用の現状と推移　131

図表8-4　障害者雇用によるプラスの影響

項目	値
マニュアルの作成・整備	13
作業環境の改善	13
作業方法の改善	17
生産工程の改善	11
汎用性のある研修方法・内審の充実	2
人事管理のしくみの充実	18
コミュニケーション活性化	25
① 経営過程の変化	
パート・アルバイトの職位工場	0
QC活動の活発化	6
社内活動の活発化	7
従業員の就業意欲向上	14
経営者・上司に対する信頼感向上	8
② 組織風土	
多様なニーズに応じた商品開発	0
多様な顧客サービスの充実	2
③ 商品・サービスに関しての変化	
企業イメージ向上の契機	5
企業イメージ向上の契機	21
社会的責任の分担	19
社会貢献の充実	15
④ 企業イメージ	
経営支出の減少	2
トータルコストの削減	4
納付金の減額	12
助成金利用によるコスト削減	9
⑤ 経営・財務業績	
その他	5
⑥ その他	

出所：独立行政法人高齢・障害者雇用支援機構障害者職業総合センター (2007)『事業主、家族等との連携による職業リハビリテーション技法に関する総合的研究（第1分冊）事業主支援編』

¶ マイナスの影響

5分類13項目，77件があげられた（図表8-5）。分類の内訳は，「① 経営過程の変化」64件，「② 企業風土の変化」1件，「④ 企業イメージ」1件，「⑤ 経営・財務業績」に4件，その他7件となっており，① にほとんどの回答が集中している。

この①の「① 経営過程の変化」のなかでは，「指導者の不足」，「指導者の負担増」がとりわけ高く，障害者雇用を推進していくうえで大きな課題となっている。

この調査によると障害者を雇用したことによる企業，職場に与えた影響としては，障害者雇用を契機に社内のコミュニケーションの活性化や問題解決能力の向上，他従業員への影響，企業イメージの変化にプラスの影響を示していることがわかる。一方で，指導者の負担増や不足などの支援体制で改善が必要なことも示されている。

小池ほか（2006）の報告は，支援する立場からの客観的な視点に立っての評価としては意義があるが，実際の企業はどのようにとらえているのかを今後調査する必要性がある。また，障害者雇用の状況や実態は，企業規模により大きく異なることから，対象となる事業種別や企業規模を検討することも重要である。

4　モジュール：障害者のための業務設計の考え方

¶ モジュールの意味

障害者雇用を行うとき，障害者にどのような業務を与えるのか，またどのように職域開拓を行っていくかは，大きなテーマとなっている。障害者雇用には賛成であるが，いざ身近な問題として直面すると，所属する部署に障害者に任せる業務がないという声も少なくはない。しかし，小さな業務を組み合わせることにより，障害者のための職域を開拓しようとしている企業もみられる。この点を「モジュール」という点から考察していきたい。

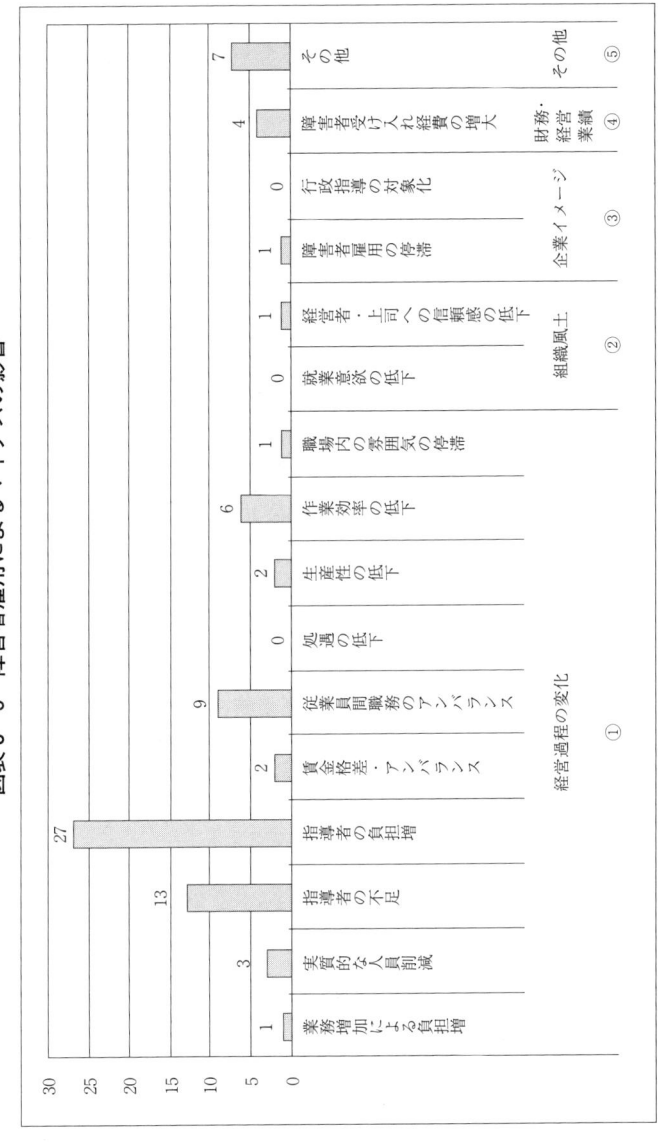

第8章 企業における障害者雇用の現状と推移　133

図表8-5　障害者雇用によるマイナスの影響

項目	件数	分類
業務増加による負担増	1	経営過程の変化 ①
実質的な人員削減	3	
指導者の不足	13	
指導者の負担増	27	
賃金格差・アンバランス	2	
従業員間職務のアンバランス	9	
処遇の低下	0	
生産性の低下	2	
作業効率の低下	6	
職場内の雰囲気の停滞	1	組織風土 ②
就業意欲の低下	0	
経営者・上司への信頼感の低下	1	
障害者雇用の停滞	1	企業イメージ ③
行政指導の対象化	0	
障害者受け入れ経費の増大	4	財務・経営業績 ④
その他	7	その他 ⑤

出所：図表8-4と同じ

モジュールは，単位を指す言葉であり，ある製品を構成するひとつの部品の集まりとして用いられている。ものごとが大きくなり，処理が複雑になるにつれて，その理解は急速にむずかしくなり，それ自体がなかなか設計とおりに動作しなくなり始める。大きなものをつくるには，各工程で行う処理を分解し，適度な大きさにまとめることが必要になってくる。これらの適度な大きさをもつものを「モジュール」とよぶ。

そして，このそれぞれが独立して設計でき，しかも全体としては統一的に機能するサブシステム（モジュール）を用いて，複雑な製品やプロセスを構築することを「モジュール化」という。そして，モジュール間もしくはサブシステム間の接続，連結ルールを「デザインルール」という。モジュールを共通の規格である連結ルールを守ることにより，生産システムの枠組みは大きく変化した。

モジュールを使ったシステム作りは，1980年代に，統合型の製品開発の代表とされた。そのなかで日本の自動車企業では，「製品統合性」（プロダクト・インテグリティ）の高い製品を統合的な組織から生み出すと考えられてきた。

しかし，デジタル情報革命のなかで，製品をモジュラー化すること，つまり製品を構成する部品（モジュール）を機能完結的に切り分け，つなぎ部分（インターフェース）を標準化することは，現代の産業構造の枠組み，すなわち新しい「アーキテクチャ」としての地位を確立しつつある（Clark, Baldwin, 1990）。

藤本（2001）が述べるように，「一方的なインテグレーションも一方的なモジュラリゼーションも，万能薬ではない」が，共通のルールである「連結ルール」を守ることにより，モジュール型の生産ができることの意義は大きい。

モジュール化が脚光を浴びている理由として，モジュール化の3つの可能性が列挙されている。

① 複雑なシステムを分解してできる（あるいは，複雑なシステムを構成する）モジュール自身が複雑なシステムである。

② モジュールの連結ルールが進化する。

③ いったんモジュール間の連結ルール，ないしはクラークのいう「目に見える」設計ルールが定まると，個々のモジュールの設計や，その改善は他のモジュールの設計やその改善から自立して行われうるようになる。

¶ モジュール化の事例

モジュール化の例として，IBM/360 が紹介されている。モジュールによって中央集権的に構想されたデザインルールに基づいて IBM/360 が完成すると，そのルールと整合的な個々の周辺機器の改良が，IBM から去った技術者たちによって独立に行われ始めた。

いったんこうしたことが始まると，ここのモジュールの改善は，さまざまなスタートアップ企業や既存企業のあいだでの競争によって行われるようになる。そうした競争の過程で連結ルール，あるいはモジュールを結びつけるインターフェースの標準化は，進化的に，改善，創発することが起こりえる。そして，新しいモジュールを付け加えて，システム自身がさらに複雑していくこともありえる。

青木ほか (2002) によると，モジュール化の基本体系は 3 つの基本形に分類できるという。第 1 にヒエラルキー型分割，第 2 に情報同化型連結，第 3 に情報異化型，進化的連結についてはシリコンバレー型のモジュールである。モジュールにおいては，いずれの場合にも 2 つのサブシステム（システム情報と個別情報）とヘルムスマン（舵手）から構成されている。

第 1 のヒエラルキー型分割は，IBM/360 型が例とされている。ヘルムスマンが専門的，排他的にシステム情報を処理し，モジュールの連結ルールを事前に決定する。ヘルムスマンはシステムデザイナーとして機能し，各モジュールはヘルムスマンによって発せられた目に見える情報を与件として，それぞれの活動遂行に必要な個別情報のみを処理する。

この第 1 のヒエラルキー的分割を障害者雇用の現場に当てはめることにする。図表 8-6 にあるように，ヘルムスマンを現場のリーダー，マネジャーとし，

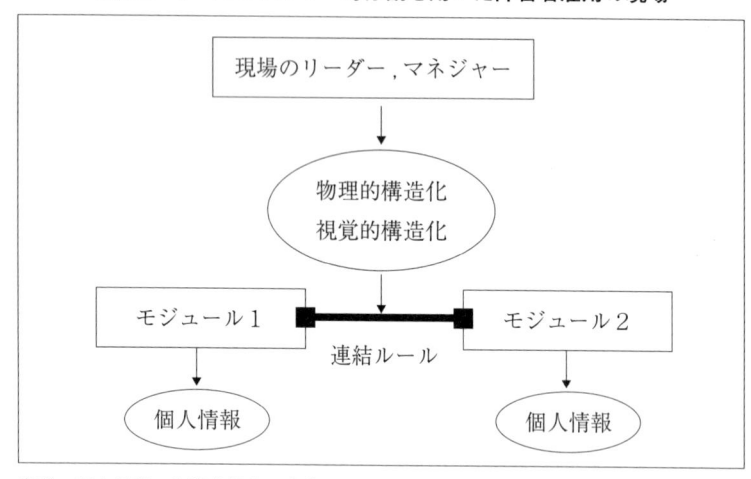

図表 8-6　ヒエラルキー的分割を用いた障害者雇用の現場

```
           ┌─────────────────────┐
           │ 現場のリーダー，マネジャー │
           └──────────┬──────────┘
                      ↓
                 ╭─────────╮
                 │ 物理的構造化 │
                 │ 視覚的構造化 │
                 ╰─────┬───╯
                       ↓
    ┌─────────┐■━━━━━━━■┌─────────┐
    │ モジュール1 │   連結ルール   │ モジュール2 │
    └─────┬───┘           └─────┬───┘
          ↓                     ↓
      ╭───────╮             ╭───────╮
      │ 個人情報 │             │ 個人情報 │
      ╰───────╯             ╰───────╯
```

出所：青木昌彦・安藤晴彦 (2002)『モジュール化　新しい産業アーキテクチャの本質』より筆者修正

手順・指示の情報を構造化プログラムとして物理的，視覚的に構造化して「目に見える情報」として与える。これを「連結ルール」として，障害者であるかないかにかかわらず理解できるユニバーサルデザイン的なもの，共通的なものとして提示する。

　モジュール自身は複雑なシステムであっても，各工程で行う処理を分解し，適度な大きさにまとめ，適度な大きさをもつモジュールに分解することができる。ものごとが大きくなり，処理が複雑になるにつれて，その理解は急速に難しくなり，それ自体が設計通りに動作しなくなり始めることから脱却することができる。

¶ 障害者の業務設計への応用

　モジュールの考え方を障害者の業務設計に当てはめて考えてみる。健常者ひとりが受け持っている多くの仕事内容をモジュール化し，本人の特性に合わせた仕事を組み合わせる。このとき，障害者にとって理解しにくい方法でものごとの提示がされると，なにを指示されているのか理解できず，行動できない。

図表8-7　時間で軸からみた知的障害者の業務設計（事例1）

8:00	役員室に配布する朝刊の仕分け
9:30	社内メールの仕分け
10:30	再利用封筒の作成
11:00	給茶機のメンテナンス
11:30	社内メールの仕分け
14:00	発送用封筒のはんこ押し
15:30	役員室に配布する夕刊の仕分け
16:00	社外への郵便物発送業務
17:00	勤務終了

出所：新宿区障害者就労福祉センター（2000）『雇用促進セミナー』

　そこで，構造化プログラムで行う物理的，視覚的に構造化した「目に見える情報」を与える。これはみる人すべてが理解できるルールとして，いわば連結ルールとして共通の規格として提示する。これにより，適度なボリュームの仕事内容を提示するなら雇用する価値が得られる。

　自分で状況を判断して臨機応変に対処することや，抽象的な言葉を理解することは苦手だが，仕事の流れを組み立てて，具体的にモジュール化した仕事内容を適切な指示をすることにより，これまで難しいとされていた職場でもヒューマン・リソースとして十分活躍できるようになると考える。

　一つひとつの作業だけでは，1日の仕事量にならないが，できる仕事，得意な作業を組み合わせることにより，1日の仕事量にすることができる。図表8-6は，某電気会社に勤務する知的障害者の仕事内容例である。知的障害者が行える業務として時間軸のモジュールを組み合わせている。

　また，業務工程軸でモジュール仕事を生みだすこともできる。図表8-7で示した例は，派遣を行っている某人材会社での業務切り出しの例である。派遣先からの出勤管理表を基幹システムのデータベースに入力する業務を知的障

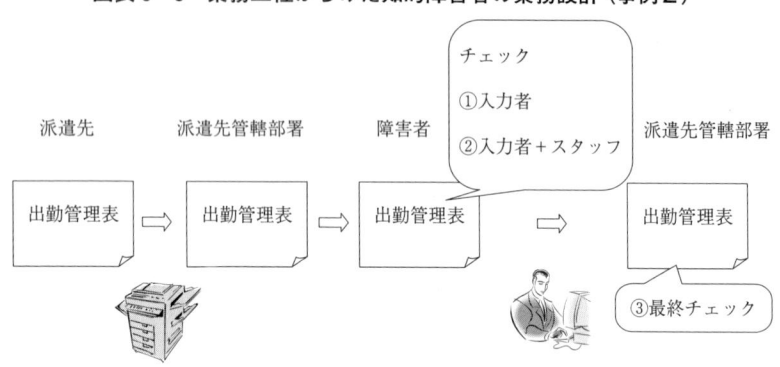

図表8-8　業務工程からみた知的障害者の業務設計（事例2）

派遣先 → 派遣先管轄部署 → 障害者 → 派遣先管轄部署

出勤管理表 → 出勤管理表 → 出勤管理表 → 出勤管理表

チェック
①入力者
②入力者＋スタッフ

③最終チェック

者が行っている。フローは，派遣先から派遣先を管轄する部署へ出勤管理表がFAXで送付されてくる。

　これを知的障害者が入力し，出勤管理表を再び派遣管轄している部署へ戻す。出勤管理表は，給与に反映される重要なものなので，チェックは欠かせない。入力した障害者自身，さらにスタッフが出勤管理表を読み上げながら入力者がチェックし，最終チェックは派遣先を管轄する部署で行っている。給与に反映する重要な業務であるとはいえ，数字をデータベースに入力する単純作業の反復である。チェック機能を強化することにより，知的障害者の業務となりうることを示している。

　同時に，考えていく必要があるのは，職域の切り出し方とともに，職域の内容である。障害者だから，これくらいの仕事ならできるのではないかという視点から業務を切り出している企業が多く見受けられる。

　もちろん，障害者雇用における先行他社の例を取り入れることも重要ではあるが，業種，企業の規模，立地条件など同じところはひとつもない。自社のなかでどのような強みをもっているのか吟味し，戦略をもち職域を広げていくのかを議論できるかが，障害者雇用を進めていくうえでも重要である。

5　おわりに

　企業において障害者雇用を行っていくには，営利企業として利益を生み出すこと，障害者雇用の促進の2つの命題がある。

　障害者は健常者よりもなにかしらの配慮が必要ななかで，当然のことながら生産性は下がる。福祉的な働き場ではないものの福祉的な要素を融合させつつ，企業のなかでの配慮は必要である。この相反する命題のなかで，経営環境の変化に対応できる，また長期的に安定した業務の獲得を行っていくことが必要になっている。現状では企業内，グループ会社における業務確保が多いが，今後は経済情勢の変化に備えた経営的な戦略モデルを構築し，付加価値の高い仕事をすることが必要になってくるだろう。企業における障害者雇用が促進するためには，2点の命題のバランスをとることは大きな課題となっている。

　このような状況のなかで，モジュール化という考え方を行うことにより，障害者の業務設計にも新たな発想の転換ができるのではないかと考える。単純な作業や反復性のある定型的な業務を障害者が行うことにより，業務のスリム化，よりコア業務に特化する体制をつくることができる。ただこれには，全社的な協力体制や理解を得て行うことは必須事項である。

　また，管理者が考える雇用管理上の課題は，「障害特性に合った職務の開発」「能力開発」などがあげられる。「生活面での指導」や「家庭との連携」などを課題としているところも少なくない。地域の就労センターや職業センターなどの専門機関と家庭の連携を行いつつ，ジョブコーチなど専門家を配置して，整備することが求められている。

〈参考文献〉
青木昌彦・安藤晴彦（2002）『モジュール化─新しい産業アーキテクチャの本質』東洋経済新報社
小池磨美ほか（2007）『事業主，家族等との連携による職業リハビリテーション技法に関する総合的研究（第1分冊　事業主支援編）』障害者職業総合センター

No.74
厚生労働省 (2006)『平成 18 年度 6 月 1 日現在の障害者の雇用状況について』
日本経済団体連合会 (2004)『特例子会社の経営・労働条件に関するアンケート調査結果報告』
新宿区障害者就労福祉センター (2000)『雇用促進セミナー』
手塚直樹・松井亮輔 (1984)『障害者の雇用と就労』光生館
手塚直樹 (2000)『日本の障害者雇用―その歴史・現状・課題』光生館
日本障害者雇用促進協会障害者職業総合センター (1994)『大企業と障害者雇用』
秦政 (2006)『特例子会社設立マニュアル―光と影を検証する』
藤本隆宏 (2001)「アーキテクチャの産業論」, 藤本隆宏・武石彰・青島矢一編『ビジネス・アーキテクチャ』有斐閣
藤本隆宏 (2001)『生産マネジメント入門』(Ⅰ・Ⅱ) 日本経済新聞社
横浜市立大学齊藤毅憲研究室編 (2007)「障害者雇用と企業」(報告書)

第9章
企業文化変革への道筋

―クラウゼヴィッツ『戦争論』を素材にして―

1 はじめに

¶ 続発する企業不祥事

　昨今，わが国の多くの企業や組織において不祥事が多発しており，社会問題化している。とくに，かつては名門企業と目されていたような大企業においても，深刻な不祥事が多発している。不祥事とはいえないまでも，組織的な問題に起因する事故やミスも数多く発生している。これらが単に一企業だけの問題ではなく，社会全体の問題としてわが国の社会構造を揺るがしつつある。

　これらの問題については，消費者の側のみならず，経営者の側でも深刻な問題としてとらえられており，組織や体制の整備はしているものの，中身の充実については憂慮しているという実態がある。「組織や体制」とはハード面のことであり，「中身の充実」とは主にソフト面，いいかえれば文化に関連した内容を指していると考えられる。

¶ 不祥事の事例と根源的問題

　雪印，三菱自動車，並びにJR西日本の事例を考えてみる。これらの事例は，それぞれ不祥事の内容や事件の経緯はまったく違うものの，根源的には同じ問題に起因していることがわかる。それは，企業文化に関する問題である。

　雪印は，歴史的意義の深い設立の経緯など多くのシンボリックなエピソードや経営哲学をもちながら，これらを顧みることやこれらに学ぶことをせず，この歴史や伝統に安住し，ブランドやトップメーカーとしての地位を過信し，この地位に留まろうとした怠慢に原因があった。

そして，三菱自動車は，三菱グループによる「丸抱え経営」が「甘え」を生む一方で，過去から引きずる権威主義，保守主義，大企業意識，エリート意識などが合わさり，無責任な経営を許した。

さらに，JR西日本は，国鉄時代の官僚組織，官僚主義のまま，利益優先の経営を推進し，安全哲学を見失うなかで，締め付けにより組織を維持しようとしたことが，経営姿勢のゆがみにつながったと分析した。

これらの事例においては，本来企業としての規則やルールに従って，個々の従業員が合理的な判断によって行動し，結果として企業が合理的に運営されるという，企業の行動方程式が崩れてしまっているのである。この理由としては，2つの可能性がある。ひとつは企業としての行動方程式，つまり規則やルール自体が間違っていたこと，もうひとつは従業員の行動方程式が間違っていたことである。

これらの大企業において，企業としての規則やルール自体が間違っているということは考えにくい。そのため，このような不祥事にいたるためには，従業員の行動方程式の間違いが介在しており，さらに不祥事が拡大していく過程においても多くの間違いが積み重なっているものと考えられる。この個々の従業員の行動方程式を決定する大きな要因となるのが，企業文化であり，従業員の行動方程式に問題があると疑われる企業においては，企業文化に大きな問題があり，企業文化の変革を行う必要がある。

2　企業文化の研究

¶ 企業文化研究の背景

「企業文化」(corporate culture)，ならびに「組織文化」(organization culture)，(以下とくに，区分を必要としない場合は企業文化で統一する) の研究は，比較的新しく，経営学のひとつの研究領域を形成したのは1980年代以降である。この時期に学会や実業界に起こった「組織文化ブーム」により，急速に企業文化の研究が進んだのである。

1982年,企業文化研究における古典ともいわれる2つの著作が上梓され,世界的なベストセラーになった。このひとつはディールとケネディの著した"Corporate Culture"である。かれらは研究の結果として,高い業績をあげた優れた企業文化は独自の企業文化をもっていることを明らかにした。そのキーコンセプトは,「強い文化」である。もうひとつはピーターズとウォーターマンの"In Search of Excellence"である。かれらは「超優良企業」はすぐれた企業文化をもつと主張して,企業文化の重要性を明らかにした。こうしてこれら2つの研究が,企業文化ブームに火をつけることとなった。

¶ シャインの組織文化研究

企業文化の研究は,当初,ジャーナリスティックな色彩が強かった。しかしながら,企業文化が脚光を浴びることにより,しだいに論理的思考の強い,企業文化研究が現れるようになった。この代表的な研究になったのが,シャインの研究である。

組織文化という言葉は,一般的には,人びとの行動の型,共有された価値・理念・規範,組織風土,組織体質,組織の精神・哲学などを示しているが,彼によれば,これらのどれもが組織文化でないとされる。彼は,組織文化を次のように定義する。

>「所与の集団が外部的適応と内部的統合の諸問題を処理することを学習するにつれて,その集団によって生み出され,発見され,展開せられた基本的仮定の1つのパターンである。それは十分に機能してきたので,正しいと考えられ,それ故に新しいメンバーに対してはそのような諸問題に直面する際に,正しい認識,思考,感情の方法として教えられるのである。」
>(Schein, 1985, 9頁)

この定義から明らかなように,彼の組織文化の概念が他の概念と異なる重要な特徴は,彼が組織文化を組織のメンバーによって共有された「基本的仮定のひとつのパターン」として理解していることにある。基本的仮定こそが組織文化の本質であり,人びとの行動パターンや共有された価値観などは,組織文化

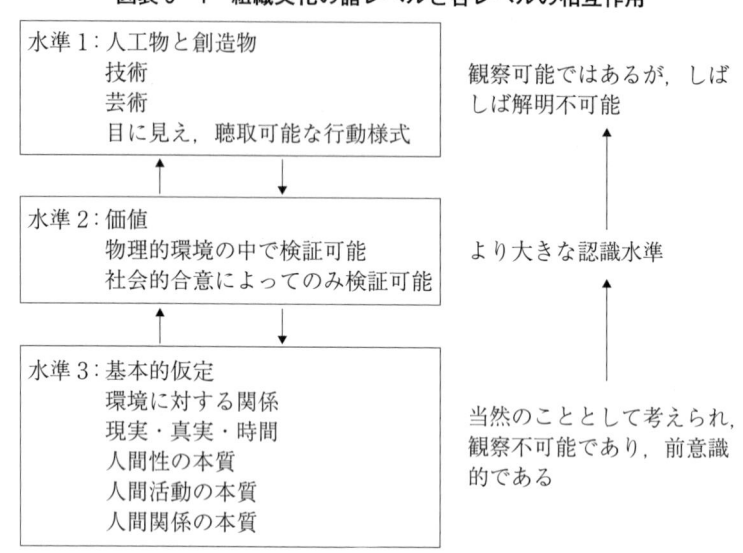

図表9-1　組織文化の諸レベルと各レベルの相互作用

| 水準1：人工物と創造物
　　　技術
　　　芸術
　　　目に見え，聴取可能な行動様式 | 観察可能ではあるが，しばしば解明不可能 |

↑↓

| 水準2：価値
　　　物理的環境の中で検証可能
　　　社会的合意によってのみ検証可能 | より大きな認識水準 |

↑↓

| 水準3：基本的仮定
　　　環境に対する関係
　　　現実・真実・時間
　　　人間性の本質
　　　人間活動の本質
　　　人間関係の本質 | 当然のこととして考えられ，観察不可能であり，前意識的である |

出所：Schein (1985) 14頁

の皮相的レベルであるにすぎない。

　シャインによれば，基本的仮定こそが組織文化の本質であると考え，組織の文化現象をみるために，広義の組織文化を3つのレベルにおいて分類した枠組みを提示する。

　レベル1の行動や現象（人工物と創造物）のレベルは，組織文化を最も良く観察したり，触れたり，十分に認識することが可能なレベルである。このレベルに含まれるものとして，組織メンバーの行動様式，オフィスの配置，組織メンバーが用いる言葉などがある。しかし，容易に観察が可能であるものの，逆にしばしば解明が困難なことも生じるのである。

　そして，レベル2の価値レベルは，組織文化を観察したり，触れたりすることはできないが，人びとの行動，言葉，社是，社訓などによってある程度まで認識可能なレベルである。この価値レベルに含まれるものとしては，共有された価値観，規範，経営理念，経営の哲学など「いかにあるべきか」を反映した

ものがあげられる。

　さらに，レベル３の基本的仮定は，前述したように，組織メンバーにはとくに意識されることがないため，意識されている価値に比べて，議論や問題の対象とされることが少ない。しかしそれは，人びとの行動や思考に対してきわめて強い力を働かせるのである。彼によれば，基本的仮定こそが，まさに組織文化の本質であり，そのものである。基本的仮定は，価値レベル，行動・現象レベルに対して，その根底から影響を及ぼすのである。

　このような基本的仮定には，①環境に対する関係についての仮定，②現実・時間・空間の本質についての仮定，③人間性の本質についての仮定，④人間行動の本質についての仮定，⑤人間関係の本質についての仮定がある。基本的仮定には，相互に依存したひとつの型があるため，その一つひとつを取り上げるだけでは十分な理解ができない。つまり，これらの５つの仮定は，相互に関連しあい，それらのなかを一貫して流れる基本的なパターン，つまり「文化的パラダイム」を形成する傾向があるのである。

　組織文化の管理は，モノ，カネ，ヒトなどの目にみえる他の経営資源の管理よりもむずかしい。シャインは，組織文化の管理という困難な問題の解決をリーダーシップにもとめる。彼は，文化とリーダーシップは表裏一体のものであると考える。そして，リーダーシップの特徴的で本質的な機能は，この組織文化の管理であると主張する。

　彼が概念化した組織文化は，基本的仮定レベルに位置するので，それまでの組織文化の研究で対象とされていなかったレベルである。ここに多くの研究者が彼の組織文化の概念に注目する理由がある。

¶ 企業文化の変革へのアプローチ

　シャインが概念化した組織文化は，基本的仮定レベルに位置するので，それまでの組織文化の研究で対象とされていなかったレベルであり，みることや触れることのできない意識以前の現象である。企業不祥事にみられる企業文化（組織文化）の問題は，注意深い観察や分析によって認識が可能なレベルの現象で

あり，彼が組織文化の本質と表現する基本的仮定レベルまでは掘り下げられていないかもしれない。もし，これを完全に基本的仮定レベルまでは掘り下げて観察しようとするならば，彼が研究のために行ったように，実際に組織の中にみずからが入り込み，みずからの皮膚感覚でこのレベルの現象を感じざるを得ないだろう。

そこで筆者は，このみえないレベルの企業文化（組織文化）に少しでも近づき，企業文化の変革につなげるための理論のヒントを，古典的な大著に求め，この著書の力を借りて，さらなる考察を重ねていきたい。次節では，クラウゼヴィッツ（1780-1831）の『戦争論』（1832-1834）をひも解くことにより，この論を進めていく。

3 『戦争論』の理論分析

¶ なぜ『戦争論』に学ぶのか

クラウゼヴィッツの『戦争論』は 8 編，124 章からなる古典的な大著であり，アダム・スミスの『国富論』や，マルクスの『資本論』にも匹敵するといわれる。クラウゼヴィッツは，多くの修羅場の戦場を体験し，理論的な分析と歴史上の事実や経験による証明を重ねながら戦争理論を作った。『戦争論』は，戦争という複雑な現象を，政治的・社会的な現象を含め，総合的に深く分析・考察し，理論的・体系的に説明している。

ここで，なぜクラウゼヴィッツの『戦争論』なのかを一言論じておきたい。戦争を語る名著であれば，孫武（B.C. 5 世紀ころ）の『孫子』でも，クセノフォン（B.C.426 ころ―B.C.355 ころ）『ギリシャ史』でも，またマキャヴェリ（1469-1527）の『君主論』や『戦術論』でもよいかもしれない。この答えは，その時代背景にある。

厳然とした階級社会のなかにある中世ヨーロッパの戦争においては，傭兵による地域戦争が中心であった。しかし，フランス革命でナポレオン（1769-1821）が登場することによって，戦争の概念は一変する。ナポレオンは，その軍事的

才能をもって，傭兵の戦争から国民全体を巻き込む戦争へ，地域の戦争からヨーロッパ全体を巻き込む戦争へと劇的に変化させた。これはまさに戦争における，世の中を一変させるようなパラダイムシフトであった。クラウゼヴィッツは，このなかにあって実際にこの戦いを体験し，このなかから深い洞察力をもって戦争を理論化したのである。

　しかしながら，このナポレオン戦争を目の当たりにし，戦争理論を展開したのはクラウゼヴィッツひとりではなかった。もうひとりは，『戦争術概論』(1838)を著したアントワーヌ＝アンリ・ジョミニ (1779-1869) である。ジョミニは，時代がかわっても戦争には不変の勝利の法則があると考え，戦争と政治的・社会的要因を切り離し，勝利のための法則を抽出した。

　一方，クラウゼヴィッツは，戦争という現象を政治や社会も含めて総合的に考察しているため，非常に難解であるものの，普遍性が高い戦争理論を構築したのである。つまり，ジョミニの「How to Win」型に対して，クラウゼヴィッツは「What is War」型の戦争理論を展開したのである。ここでは，理論を探求することが目的であるため，『戦争論』を取りあげるのである。

　今日のわれわれは，急激なテクノロジーに進歩のなかにあり，社会構造はパラダイムシフトのなかにある。このような混沌の時代には，従来の主体や制度などの社会構造が瓦解し，新たな主体や制度などの社会構造が出現してくる。このような時代に経験だけを頼りに行動することは，もっとも愚かなことである。新しいマネジメントの理論や分析手法を用いても，安物の包丁のようにすぐに切れ味が悪くなり，使い物にならなくなるだろう。

　ものごとは，螺旋的に発展する。このような混沌のなかからこそ，新しい秩序が生まれる。今日のこのような状況は，大きな変革への可能性に満ちており，むしろチャンスでさえある。クラウゼヴィッツは，ナポレオンの戦争を目の当たりにしながら，その時代を生き抜き，徹底した深い思考と洞察により戦争を理論化した。この理論化された哲学は，論理的な分析や歴史の理解，心理的な洞察，社会的な理解などが融合され生み出されたものであり，これを正しく理

解できれば，どのような時代においても戦略的な思考や行動を幅広く解き明かしてくれるのである。

¶ 『戦争論』の理論

先に述べたように，『戦争論』は古典の大著であり，ここでこのすべてを論ずることは不可能である。したがって，『戦争論』の理論構築の基本となる部分について述べて，そのうえで企業文化の変革と深い関わりがある部分を中心に論を進めることとする。

① 弁証法による理論構築

クラウゼヴィッツは，『戦争論』において戦争を理論化するため，2つの戦争の概念・を定義している。「現実の戦争」と「絶対的戦争」の2つの概念である。これを弁証法的に分析することにより，戦争を理論化したのである。

ヴィルヘルム・ヘーゲル（1770-1831）は「絶対精神」を成立させる過程として，「弁証法」の観念を作り出した。弁証法は，ひとつの概念「定立」「正」に対しては，これを否定する概念「反定立」「反」が現れ，このふたつの対立概念を超えるものとして新たな次元「総合定立」「合」が開けるとした過程である。

この「総合定立」をあらたな「定立」と考え，これに新たな「反定立」が現れると，弁証法的な運動は限りなく続くことになる。途切れることのなく，つぎつぎに現れる，さまざまな現実を弁証法的に経験していくことによって，自然や精神，芸術や宗教などすべての原理を内に含む「絶対精神」が成立するという主張である。

クラウゼヴィッツは，「現実の戦争」は交戦国の状況やその時代の政治的・経済的・技術的・社会的要因などによって影響を受けるものと考えた。他方，概念上の「絶対的戦争」を作りあげ，これを一方の側により他方を完全に打倒する暴力の行使とした。これにより，新たな実際の制限戦争の概念を作り出した。

ある戦争における目的は敵の完全な打倒ではなく，それより小さな目的，たとえば領土の一部を占領することによって，またある地域における政治的な支

第9章　企業文化変革への道筋　149

図表9-2　ヘーゲルの弁証法

出所：筆者作成

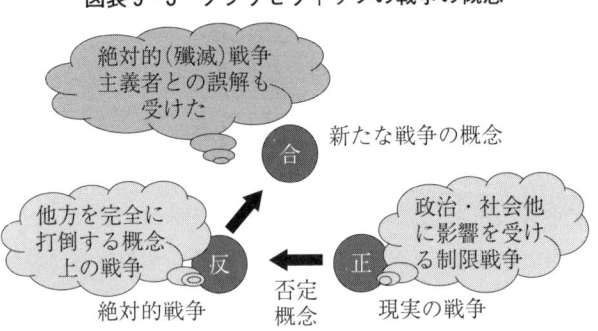

図表9-3　クラウゼヴィッツの戦争の概念

出所：筆者作成

配を行うことなどによって，暴力の行使は制限される。つまり，現実の戦争は，すべて目的のために制限された状況のなかで戦われる制限戦争であることを示している。

② 政治の一部としての戦争

『戦争論』のなかで,「戦争とは,相手にわが意思を強要するために行う力の行使である」(第1編第1章2)と定義している。しかしながら,『戦争論』のなかでもっとも有名な言葉は,「戦争は他の手段をもってする政策の継続にすぎない」(第1編第1章24)であろう。

戦争は,非常に重大で,特異な出来事であるため,その事象そのものに目を奪われ,戦争そのものを概念化,理論化することに陥りがちである。クラウゼヴィッツは,この戦争に深く関わるなかで,逆に戦争を俯瞰的にとらえ,戦争とは政治的目的を達成するためのひとつの政治的手段にすぎないとしたのである。この定義をもとに,彼は戦争と政治の関係を,部分と全体,あるいは手段と目的ととらえたのである。

③ 摩擦

彼が考察した戦争における要素のひとつに「摩擦」がある。それによると,「摩擦は,現実の戦争と計画上の戦争との相違にかなり適合する唯一の概念である」(第1編第7章)と。

つまり,机上の戦争においては,軍隊は規律正しく号令に従って行動し,命令どおりに作戦の成果をあげるであろう。しかし,軍隊は大勢の人間の集合体であり,個々人がそれぞれ予期しない障害にさらされているため,考えもしなかったような状況が発生し,計画どおりにことは進まない。

このような現実の戦争において予期できない数かずの障害に着目し,クラウゼヴィッツは「摩擦」という概念を生み出した。この摩擦とは,洗浄での不確実な情報,過失,偶発事件,予測不能な出来事が積み重なり,これが指揮官の意思決定や部隊の士気,行動に影響を及ぼすことを指している。この概念により,偶然や不確実性という理論化になじまない要素をはらみながらも,戦争の理論化が可能となったのである。

④ 戦争の理論

クラウゼヴィッツは,第2編第2章の「戦争の理論について」で,積極的な

学説を打ち立てる努力について言及しているが,「精神的要素が考慮されるようになると,理論は困難となる」ともいう。このなかで,彼は,物質的なもの,機械的なものは正確に認識できるが,精神的な領域になると,法則は消え失せ,とりとめのない概念になってしまうことを述べている。これは,自然科学の研究に対し,社会科学の研究の困難さについて表現しているものであり,戦争という人間の精神に大きく関わる社会現象に対しての理論化の困難さをあらわしている。

彼は,「才能や天才は,法則を無視して行動し,理論は現実と矛盾することになる」ため,「積極的な学説は不可能である」と結論づける一方,「理論化を可能にする方策」について述べている。この方策は,地位に応じた困難さを知ることと,理論は考察であって規範ではないことの2つである。そして,「このような観点からのみ理論の確立が可能になり,実践との間の矛盾は消滅する」としている。さらに,「知識は能力とならねばならない」と述べ,第2編第2章を締めくくっている。

⑤ 戦略と精神力

クラウゼヴィッツは,第3編の「戦略一般」のなかで,経営学を学ぶものにとっても示唆に富む,非常に重要なテーマを取りあげている。そのひとつは「戦略」であり,もうひとつは「精神的な力」である。

戦略の定義は,「戦争の目的を達成するため,戦闘を使用すること」(第2編第2章)と定義されているが,ここでは政治目的の達成のための,戦争における勝利の方法論について述べている。

このなかでクラウゼヴィッツは,戦略の諸要素を5つに分類して説明している。

ⓐ 精神的要素―精神的特性や効果
ⓑ 物理的要素―戦闘力の量,兵器の比率
ⓒ 数学的要素―作戦線の角度や運動
ⓓ 地理的要素―地形,道路等の地域の影響
ⓔ 統計的要素―物資の補給,兵站

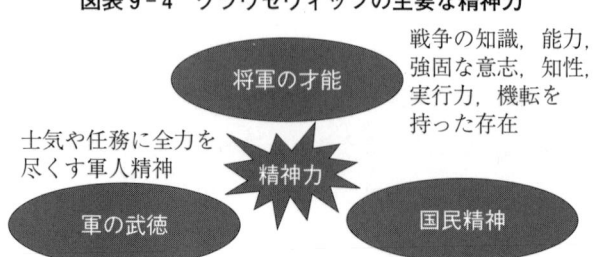

図表 9-4　クラウゼヴィッツの主要な精神力

- 将軍の才能：戦争の知識, 能力, 強固な意志, 知性, 実行力, 機転を持った存在
- 軍の武徳：士気や任務に全力を尽くす軍人精神
- 国民精神：国民軍一人ひとりの自覚

精神力

出所：筆者作成

そして, このなかで精神的要素が一番重要であると述べている。

「精神的な力は, 戦争においてもっとも重要な要素に属する…。各種の精神的な力は, 戦争のすべての要素と関連を持ち, 全戦力を動かし, 指揮する意思と緊密に結びついて, 一体になっている。すなわち, 意思そのものが精神力なのである。しかし, 残念なことに, 精神的な力の重要性を机上の学問として修得することはできない。それは, 数字でも, 等級でも表すことができないので, 目で見るか, 感じるほかはない」(第3編第3章)

クラウゼヴィッツは, 戦争に影響を与える要素を, 精神的な現象と物理的な現象の2つに分ける。そして, クラウゼヴィッツ一流のメタファーを使って槍に喩え,「物理的な現象は槍の木製の柄の部分にすぎないのに対して, 精神的な現象こそ真の金属の部分の武器に相当する」と述べている。

クラウゼヴィッツは, 第3編第4章「主要な精神的力」において, これを将軍の才能, 軍の武徳, そして軍隊における国民精神であるとしている。そして, これらのどれが一番重要かについては, 一般的に規定はできないとしている。

まず「将軍の才能」とは,「軍事的天才」(第1編第3章) で述べられている才能のことである。将軍には, 強固な意志, 聡明な知性, 実行力, 機転などが必要不可欠であり, また戦争に関する知識と能力を身につけていなければならないとしている。

そして,「軍の武徳」とは, 軍隊における服従, 秩序, 規律など高度な要求

に従う，統制のとれた高い士気を指している。また，軍人一人ひとりが，戦争という特殊な任務に専念し，必要な能力を身につけ，私心を捨ててミッションに全力を尽くす，誇り高い軍人精神を指している。また，クラウゼヴィッツは，軍の武徳は単なる勇敢さや戦争に対する熱狂とは大きく異なっていると述べている。

さらに，「軍隊における国民精神」は，時代の変化により生み出された概念である。中世の臣民と傭兵の時代から，フランス革命を経て，国民と国民軍の時代となった。そして，国民全体の精神が，国民軍であるがゆえ，軍隊そのものの力と直結してきたのである。クラウゼヴィッツがいう軍隊における国民精神とは，軍隊にいる一人ひとりが独立した国家の国民であることを自覚し，祖国のために戦おうとする意思をもつことを指している。

⑥ 重心

クラウゼヴィッツは，第8編の「戦争計画」のなかで，敵をどう攻撃するかについて述べている。そして，この第9章の「敵の撃滅を目標とあらゆるものに指針として役立つ基本原則」を2つあげている。

「第1の原則は，敵軍隊の戦力の根源をできる限り少数の重心に，できれば1個の重心に還元することである。また，この重心に対する攻撃をできる限り少数の主要な行動に，できれば一つの行動に集約しなければならない。…要約すれば，第1の原則は，戦力を集中せよということである。」

「第2の原則は，できる限り迅速に行動せよということである。すなわち，充分な理由もなく行動を休止したり，迂回してはならない」（第8編第9章）

戦争における勝敗が，単に兵力の数や物量などの一般的な原因だけで決まることはなく，その場に居合わせた人でなければわからないような原因であったり，その人たちも簡単には気づかない原因であったりすることは多い。それは，目に見えない精神的な力であったり，ほんのわずかな「ゆらぎ」であったりするだろう。ミース・ファンデルローエ（近代建築巨匠のひとり，1881-1969）の言葉にあるように，「神は細部に宿る」（God is in the details）のである。

こうした理論から学ぶことができることは，敵であれ，味方であれ，それぞれのおかれた状況のなかには，その本質ともいえるべき「重心」が生じ，これが力と行動の源となってすべてを支えている。したがって，われわれはつねにこの「重心」はなんであるのかを理解しなければならない。

4　企業文化の変革

¶　『戦争論』からなにを学ぶか

『戦争論』の一部を述べてきたが，これはこの大著全体からみればほんのわずかな部分にすぎない。しかしながら，本章で述べてきた部分においても多くの教訓を得ることができる。

第1にあげられることは，弁証法的な理論化である。経営などを扱う場合，しばしばこの理論化において困難を極める。戦争という人類にとって，もっとも困難な課題を理論化するにあたって，その困難性を十分に認識したうえで，弁証法的なアプローチでこの困難を乗り越えようとした彼の深い洞察力には，大いに学ぶ必要があるだろう。

第2にあげられることは，手段と目的の明確化である。経営においても，手段自体が自己目的化してしまい，経営を狂わせることは枚挙に暇がない。経営理念の目的を達成するための手段である数値目標（売上や利益）の確保のみに腐心し，この手段の自己目的化により，コンプライアンスに反するような事態が頻発している。戦争に深く携わり，多くの凄惨な戦場を見てきたクラウゼヴィッツが，あえて戦争は政治の一部と言い切ったことは非常に重みがあることであり，経営に携わるものはこの言葉の意味を深く受けとめならなければならない。

第3にあげられることは，理論のなかにあえて不確実性の要素を取り入れていることである。クラウゼヴィッツは「摩擦」という概念で表しているが，戦争のように人間の営みに深く関わる事象については，計画と実行は相違することを強調している。そもそも，人間が関わる事象において，不確実性を考慮せ

ずになにかの計画を立てること自体が，機械論的で要素還元主義的な偏った考え方であろう。

このクラウゼヴィッツの考え方は，ベルグソン (1859-1941) の創発進化論，ポランニー (1886-1964) やハイエク (1899-1992) の自生的秩序，イリヤ・プリゴジン (1917-2003) の散逸構造，エリッヒ・ヤンツ (1929-1980) の自己組織化など，複雑系のパラダイムにもつながる考え方であろう。クラウゼヴィッツがいう，「摩擦」を理解し，解消できる「天才」とは，まさに21世紀に求められる経営者の姿であろう。

第4にあげられることは，理論化の困難性の克服である。彼は，理論化への努力をうたいながら，自然科学の研究に対する社会科学の研究の困難さについて表現している。これは社会科学の分野にいきる者，企業の経営に携わる者にとっては，深い共感を禁じえないであろう。

クラウゼヴィッツは，この理論化を困難にしているものを「人間の精神」であるとし，この方法論につなげている。また，「知識は能力とならねばならない」と述べ，実践に携わる者を勇気づけるとともに，知識の自己目的化を戒めている。

第5にあげられることは，精神力の重要性を取りあげたことである。社会科学の研究の困難さを生み出しているものが精神力であるなら，これを解決し，理論化に結びつけるものも，また精神力であるということである。組織は，人間が主体となる以上，精神力なくしてものごとは一歩も進まないことも論ずるまでもないだろう。戦争におけるもっとも重要な要素として，もっとも理論化になじまない精神力をあげ，これを説明したクラウゼヴィッツの洞察力には敬意を評さざるを得ない。

最後にあげられることは，ものごとの本質を「重心」としてとらえたことである。そしてこの「重心」に戦力を集中するべきだと主張している。「重心」とは，力と行動の中心であり，言い換えればものごとの本質であるともいえるだろう。これは，経営でいうところの「選択と集中」にもつながる考え方であろう。

¶ 『戦争論』を変革にいかす

それでは、このクラウゼヴィッツの教えは、どのように経営、そして企業文化の変革にいかせるのであろうか。実際に企業文化や組織文化などの改革が行われたケースを通じて、このクラウゼヴィッツの『戦争論』の理論がどのように役立つのかを考えてみたい。

① 日産再生の事例

日産の経営危機と、これに続くフランスのルノー社との全面提携、そしてルノーから送り込まれた経営者カルロス・ゴーンによる奇跡ともいえる復活劇は、あまりにも有名な事例であり、ここでその詳細を述べる必要はないだろう。しかしながら、この劇的な改革が『戦争論』における理論を忠実に実行したものであることは、あまり気づかれていないだろう。

それでは、ゴーンはどのように『戦争論』の理論に沿った改革を実行したのであろうか。クラウゼヴィッツは、戦争にもっとも重要なものとしてあげた「主要な精神力」を、「将軍の才能」、「軍の武徳」、そして「軍隊における国民精神」であると述べた（図表9-4）。それでは、現在の企業経営における、「主要な精神力」とはなんなのであろうか。

経営における将軍の才能とは、当然であるが経営者の才能のことであろう。経営者には、強固な意志、聡明な知性、実行力、機転などが必要不可欠であり、また経営に関する知識と能力を身につけていなければならない。

つぎに経営における軍の武徳とは、企業における秩序、規律などバランスのとれた高い士気を指している。また、社員一人ひとりが、経営理念に向けた職務に専念し、必要な能力を身につけ、私心を捨ててミッションに全力を尽くすことであろう。この社員の士気や業務に全力を尽くす社員精神の源泉になるものこそが、企業文化であるといえよう。

そして、経営における国民精神は、社員一人ひとりが企業を支えている一員であることを自覚し、企業のために戦うことを示しているのである。これを「愛社精神」と理解することも間違いとはいえないかもしれないが、筆者はこれを

図表9-5 ゴーンの日産再生

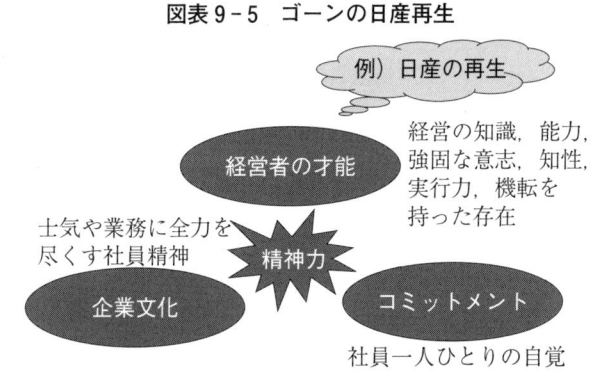

- 経営者の才能：経営の知識、能力、強固な意志、知性、実行力、機転を持った存在
- 企業文化：士気や業務に全力を尽くす社員精神
- コミットメント：社員一人ひとりの自覚
- 精神力

出所：筆者作成

「コミットメント」と理解する。この自覚を形として表現したものが「コミットメント」であり，概念的に「愛社精神」と理解することはクラウゼヴィッツが求める強い精神力とは違うものであろう。

このようにみると，日産の再生劇は，まさにこの『戦争論』の理論と完全に一致しており，「三位一体の精神力」を形成していることが理解できる。経営者の才能をもったゴーンの登場，厳しい現実のもと促された企業文化の改革，そして社員一人ひとりの自覚と責任を明確にしたコミットメントの構図である。

もちろん，日産の再生は精神力だけで成しえたものではないし，ゴーンが『戦争論』の理論を忠実にトレースしたわけでもないだろう。しかし，クラウゼヴィッツが『戦争論』で理論化したことは，170年の時代を経て，企業再生の事例として証明されたともいえるであろう。

② セムコ社の事例

1980年のブラジル，家業のエンジニアリング会社セムコで，父親から息子への経営引継ぎが行われた。21歳の新社長の名は，リカルド・セムラーである。平凡な会社を引き継いだセムラーは，従来の経営学の鉄則をことごとく否定し，世界が驚く経営を実践する。

図表9-6　セムコの企業文化

〈組織図〉：セムコ社には公式の組織図というものはありません。従業員のあいだでの尊敬を受け，その結果推されることが，リーダーとなる唯一の資格条件なのです。

〈管理者の採用〉：管理者が新しく採用されたり，昇進したりする場合は，採用決定が行われる前に，その部門に働く全従業員により，候補者を面接，考課する機会があります。

〈経営参加〉：セムコ社の経営理念は，従業員が経営に参加し，それと深く関わり合うことにその基礎を置いています。自分の殻に安住してしまわないように，意見を出し，昇進を含むさまざまな機会を積極的に追求し，いつも思っていることをはっきり言葉にしてください。自分を，その他大勢の従業員だと思わないように。

出所：Semler (1993) 付録

　まず，セムラーは，企業文化の改革から手をつけた。わずか1日で15人の経営陣のうち6割を解雇した。そして，階層組織のピラミッドを叩き壊し，堅苦しく，古風で，独裁的であった経営をひっくり返した。セムラーは，会社を形式張らず，開放的で，民主的なスタイルに作り変えた。

　セムラーは，これをみずから革命と称した。セムラーは，企業において民主主義はいまだ職場に浸透しておらず，世界中のオフィスや工場で，独裁者や暴君が大手を振っていると考える。セムラーは改革の基礎を，①従業員の参加，②利益配分，③開かれた情報システムの3つの価値においた。

　セムコには，たった4つの階層しか存在しない。マネジャーはみずからの給料とボーナスを決め，部下の査定を受ける。従業員は，自律的なチームとして組織され，自分たちが就業時間を決め，ノルマを設定し，経営の改善もみずからが主体となって行う。

　セムコには，就業規則などはまったくない。その代わりに，セムコでは入社する者一人ひとりに，イラストの入った「サバイバルマニュアル」と称する小冊子を配布している。これをみると，セムコの企業文化を非常によく理解できる（Semler, 1993, 付録）。

セムラーは，意図的に組織が自分に依存しすぎない体質を作っている。セムラーの経営は，完全な開放型経営，むしろ放任型経営といえるであろう。セムコでは，リーダーが意思決定しないことが成功につながっている。彼は，組織をコントロールから開放し，従業員に完全な自由と責任を与える。

　そして，彼は，リーダーの役割を，みずからが意思決定することではなく，実務を行うものが意思決定をできる環境を整える役割と考えているのであろう。いわば，組織における「カタリスト」（触媒）としての役割である。

　さて，この考え方は，『戦争論』で理論化されている，「摩擦」と「天才」につながっている。経営は摩擦の連続であり，経営者を中心としたヒエラルキーの下で，計画的に経営を遂行してもそのとおりにはいかない。それならば，いっそ従業員に自由と責任を与え，従業員それぞれがみずからの摩擦を解決できる環境を整えようという考えも成り立つ。この考えは，創発や自己組織化を促す複雑系的な考え方にもつながっており，組織が経営者の能力を超えたパフォーマンスを示す可能性を秘めている。

　セムラーの独特な経営手法をとるには，経営者の相当の力量と，そしてなによりも勇気が必要であろう。セムラーの経営手法には，批判や軽蔑の声も多い。しかし，セムコはブラジル有数のエンジニアリング会社となり，その後も実際セムコの経営はうまくいっているのである。彼こそ，「摩擦」を乗り越える21世紀型の「天才」経営者なのであろう。

③ アメリカ海兵隊の事例

　アメリカの海兵隊は，世界最強の軍隊といわれる，非営利の戦闘集団である。そして，海兵隊の絶え間ない自己革新と徹底した「現場主義」の組織文化は，特筆すべきものがある。この徹底した現場主義は，戦況が激変する厳しい戦場を生き抜く組織としての，深い戦略性に根ざした独自の現場管理論であるといえよう。

　アメリカの海兵隊は，1777年にイギリス海兵隊を真似て設立されたが，海軍と陸軍の狭間にあって長い間その存在意義を問われ続けていた。このような

歴史のなかで，組織の生き残りをかけた自己革新を続け，太平洋戦争において水陸両用作戦を編み出し，ガダルカナル戦や硫黄島戦，沖縄戦などで大きな成果をあげた。

海兵隊では，組織文化をマネジメントしている。海兵隊は，組織の価値観に従って判断することを，隊員の能力を重視した組織的な任務の遂行に役立てている。海兵隊は，「基本的価値観」と称するものを体系化してきた。

主な7つの価値観は，ⓐ献身，ⓑ相互依存，ⓒ犠牲，ⓓ忍耐，ⓔ自信，ⓕ任務への信頼，ⓖ高潔さであり，さらに二次的な5つの価値観として，ⓐ大胆さ，ⓑ冒険心にあふれていること，ⓒ謙虚さ，ⓓ率直さ，ⓔプロ根性がある。海兵隊は，これらの価値観にさまざまなエピソードを重ね合わせ，価値観そして組織文化をマネジメントしているのである。

また，海兵隊は，弁証法的な思考方法を組織的に活用している。対立概念のバランス感覚を磨くことを奨励し，この思考方法を実践する。

ⓐ 失敗覚悟でやるべきか⇔成功を第一に考えるべきか

ⓑ 計画や方法をよく練り上げるべきか⇔臨機応変に対応すべきか

ⓒ 慎重に分析すべきか⇔すばやく行動すべきか

組織のマネジメントとしては，いろいろな意味で矛盾をはらむことになるが，海兵隊は熟練した手法で周到な計画や方法を実行すると同時に，豊富な経験と勘に頼りながら，臨機応変に自由自在な作戦をとる。原則は守らせながらも，これに縛られることなく行動することを求めるという，矛盾をはらんだ行動原理により，組織力と個人の能力をともに最大限に生かすためのマネジメントを行っている。

アメリカ海兵隊は，軍隊であるが，企業経営の観点からみてもまったく違和感を覚えさせず，むしろ積極的に企業経営に取りいれるべきたくさんの要素を発見できる。海兵隊は，自己革新のシステムを完全に埋め込まれた組織であり，これからの時代に求められる組織モデルを示しているといえる。

¶ 変革への道筋

　ここまで，さまざまな論を重ねてきたが，結論としていえることは，企業文化の改革にはひとつの答えや王道はないということである。ただし，これまで多くの事例や『戦争論』の理論を掘り下げてきたことにより，この答えや王道を，それぞれの企業で改革に取り組む人たちに対し，行動の一助になるものは見いだせたであろう。

　第二次世界大戦後，わが国は，敗戦の焼け跡から奇跡の復興と経済成長を達成し，1980年代，GNP（国民総生産）世界第2位の日本は繁栄を謳歌した。しかし，バブル経済の崩壊により，底なしの不景気，デフレ，金融危機に見舞われた。そして現在も，数かずの大企業の不祥事などに見舞われているのである。

　筆者は，この原因としてわが国の企業や組織に決定的に欠けているものをあげる。ひとつは，ものごとを抽象化し，理論化する能力である。そして，もうひとつは，文化を意識し，これを読み解く能力である。

　クラウゼヴィッツは『戦争論』において，戦争というもっともとらえにくい事象を，徹底的な分析と考察により理論化した。この徹底した理論化により，『戦争論』は人間社会を読み解く哲学にまで昇華した。このため，170年のときを経た現在においても，『戦争論』の理論は生き続け，戦争とは違う経営の世界においても，この理論は役立つのである。

　これに対し，日本の企業や組織には，この理論化をしてものごとを考えることが欠如している。ものごとをみえる範囲でのみ判断し，工夫や改善をするだけにとどまっているため，経験や体験を生かすことはできても，状況が変化し経験や体験ではうまくいかなくなると，とたんに躓いてしまう。日本人は，過去の経緯でできあがっているものを工夫し，改善していく点では非常に高い能力を発揮する。しかし，形のないところから，論理的に整合性をとって，構築物を作るとなると，とたんに滞ってしまう。

　これをクラウゼヴィッツの理論で具体的に言い換えれば，ⓐ 弁証法的な思考方法の欠如，ⓑ 戦略の5要素の軽視，ⓒ 三位一体の精神力の欠如，といえ

るだろう。とくに「将軍の才能」を発揮すべき経営者において，これらの能力や人間社会を読み解く力量が欠如しているのである。もし，この経験や体験を理論化できていれば，時代や状況がかわっても，人間の営みである限りその本質部分はかわらないため，『戦争論』のようにいかすことができるのである。

　文化についての意識も，これと同じことがいえる。第二次世界大戦後のイデオロギーの変節や喪失を語るまでもなく，わが国は世界に固有の誇るべき文化をもちながら，この文化を理解する能力にも問題があるのである。

　企業文化の研究は，1980年代の日本の成功要因を探ろうとしたアメリカの研究者によりメジャーになった。しかしながら，日本の多くの企業は，この企業文化ブームが日本企業研究から起きたことや，この企業文化の理論化がアメリカ経済復活の一助になったことは興味もないし，知ろうともしていない。

　不祥事を起こした企業が口にする言葉も，決まって「企業体質の改善」や「企業風土の改革」であり，「企業文化」のレベルまで掘り下げていることは少ない。文化は，体質のように表面的なものではないし，風土のように自然環境などだけで作られるものではない。本当意味で，「文化」の意味を理解している企業や組織はまれであろう。

5　おわりに

　以上で述べてきたように，生涯をかけて『戦争論』で戦争を理論化したクラウゼヴィッツは，まさに「理論化の権化」であったといえよう。一方，その対極にあるのが，理論化の能力の欠落した日本の企業や組織であろう。また，文化を理解しようとしない企業や組織も，その文化によって滅びる道をたどることであろう。

　企業文化改革への道は，厳しく険しい。そして，企業文化の変革に取り組む企業や組織の人びとは，これらのことを十分理解したうえで，みずからの理想に向かっての道筋をみつけなければならない。

〈参考文献〉

Clausewitz, Carl von (1832-1834) *Von Kriege* (篠田英雄訳〈1968〉『戦争論』(上・中・下) 岩波書店），(日本クラウゼヴィッツ学会訳〈2001〉『戦争論』芙蓉書房)

Clausewitz, Carl von, Ghyczy, Tiha von, Oetinger, Bolko von, & Bassford, Christopher (2001) *Clausewitz on Strategy.* (ボストン・コンサルティング・グループ訳〈2002〉『クラウゼヴィッツの戦略思考―「戦争論」に学ぶリーダーシップと決断の本質』ダイヤモンド社)

Freedman, David H. (2000) *Corps Business: The 30 Management Principles of the U.S. Marines.* (白幡憲之訳〈2001〉『アメリカ海兵隊式経営―最強のモチベーション・マネジメント』ダイヤモンド社)

Peters, Thomas J. & Waterman, Robert H. (1982) *In Search of Excellence: Lessons from America's Best-Run Companies.* (大前研一訳〈1983〉『エクセレント・カンパニー――超優良企業の条件』講談社)

Prigogine, Ilya & Stengers, Isabelle (1984) *Order Out Of Chaos: Man's New Dialogue with Nature.* (伏見康治・伏見譲・松枝秀明訳〈1987〉『混沌からの秩序』みすず書房)

Schein, Edger H. (1985) *Organizational Culture and Leadership.* (清水紀彦・浜田幸雄訳〈1989〉『企業文化とリーダーシップ』ダイヤモンド社)

Schein, Edger H. (1999) *The Corporate Culture Survival Guide: Sense and Nonsense About Culture Change.* (金井壽宏・片山佳代子・尾川丈一訳〈2004〉『企業文化―生き残りの指針』白桃書房)

Semler, Ricardo (1993) *Maverick.* (岡本豊訳〈1994〉『セムラーイズム』新潮社)

今田高俊 (1994)『混沌の力』講談社

梅沢正 (2003)『組織文化・経営文化・企業文化』同文舘

岡崎久彦 (1983)『戦略的思考とは何か』中央公論社

加護野忠男 (1988)『企業のパラダイム変革』講談社

金井壽宏 (2004)『組織変革のビジョン』光文社

カルロス・ゴーン著　中川治子訳 (2001)『ルネッサンス―再生への挑戦』ダイヤモンド社

カルロス・ゴーン，フィリップ・リエス　高野優訳 (2003)『カルロス・ゴーン経営を語る』日本経済新聞社

郷田豊・李鍾學・杉之尾宜生・川村康之 (2001)『「戦争論」の読み方―クラウゼヴィッツの現代的意義』芙蓉書房

佐藤郁哉・山田真茂留 (2004)『制度と文化―組織を動かす見えない力』日本経済新聞社

高橋伸夫 (1997)『組織文化の経営学』中央経済社

出口将人 (2004)『組織文化のマネジメント―行為の共有と分化』白桃書房

第10章
実効性あるコンプライアンス経営の実現
―ダイレクトマーケティングにおける広告表示の現場から―

1 はじめに

　2007年の世相を現す漢字が「偽」であった。建設，食品，ファッションなどさまざまな業界で，内部告発が発端で不祥事が発覚し，行政指導などを受けている。マスメディアを賑わした挙句に，消費者の信頼を失って大きくブランド価値を下げた企業が多発した。その結果，当該企業に働く人びとの公私にわたる生活が辛いものになったケースが少なくない。

　そんななか，2006年4月から会社法施行にともなう内部監査体制の充実や，2008年4月から適用開始となるJ-SOX（金融商品取引）法への対応など，いわゆる法令遵守経営が求められている。経営者は，それらに対応するために，新たな担当役員を任命し，さらな新たに担当部署を設置している。

　さて，このような対応で，果たして企業の不祥事は収まるのであろうか。その結果として，働く人びとは，安心して守備範囲の仕事に集中できるのであろうか。そして，正直に生きることができるのであろうか。答えは「ノー」であろう。冒頭に記した事件の数かずを取材した記事は，経営者と従業者との間のコミュニケーションが実質的にはまったくなされていなかったことを伝えている。経営者は，題目だけは唱えても，日常の価値判断や意思決定は題目とはまったく関係のないところでなされている。

　もっといえば，日常動作は，題目とは正反対の基準によって決定づけられていたのである。これでは，従業者は担当守備範囲内の仕事といえども，なにを拠りどころに仕事を進めればよいのか安心できない。

さて、ここまでは少し実務を取材した結果から容易に導き出せる問題点であり、多くの識者が、不祥事を未然に防ぐためには「第1に、経営者が法令遵守を絶対に行うと決心すること、さらに、それを日常の意思決定の場面で実践すること」と声高く述べていることも理解できる。

しかし、もう一歩現場に踏み込むと、それだけでは不祥事の発生を未然に抑えることは不可能だと理解できよう。それはなぜなのか、そしてそれを克服するにはどうすればよいのか、が本章の論点である。

本章では、ダイレクトマーケティング・ビジネスを舞台に、そこで行われている広告表示現場の実態の把握と分析から問題点を抽出する。そのうえで、広告表示を行う現場が実務において実際に理解し守れるルールのあり方を示し、その徹底のツールの原型を提示する。

経営者は、単に「ルールを守れ！」と叫んでもまったく効果がないことを再認識し、みずから自社がおかれた経営環境を、とくに法令との関係を十分認識すること、そして、企業風土にあった考え方の基準を作って働く人びとに示すことがまずは必要である。そこから先は、実務家と専門家の手を借りながら、実務作業の手順に関する「掟」づくりと掟に示される選択・判断に際しての基準づくり、そして、判断に迷った時に頼れる「駐在さん」を据えることこそが、不祥事発生の未然防止の当面の特効薬であることを仮説として提示したい。

2 ダイレクトマーケティング・ビジネスにおける広告表示製作現場の実態

¶ ダイレクトマーケティング業界

19世紀のアメリカに発現の端緒を求められる通信販売事業は、20世紀を通じて大きく発展し、わが国においてもしだいに存在感が大きくなっている。アメリカでは、20世紀後半に、それまでのメールオーダーという用語が、ダイレクトマーケティングと衣替えをしている。そこには、小売だけでなく、メーカーも包摂した、消費者と直接向かい合うという企業姿勢が反映されている。

現在，わが国におけるダイレクトマーケティング市場は，4兆5千億円といわれている。そこには，ニッセン，千趣会などの総合通販会社から，通信販売を有力な販売ルートとして成長してきたファンケル，DHCなどの専門品メーカー，さらにPC・電器メーカーまでが参入している。

　多くのメーカーは，通販ルートをフランチャイズルートと並ぶ重要なテストマーケティングの場とみなしている。いわゆる通販会社は，消費者の代行機能を主としており，上手な商品紹介のノウハウのほかに，カタログ，テレビ，インターネットなどさまざまなメディアの使い分け，あるいは注文を受けた商品を顧客の都合に合わせて届けるノウハウなどをあわせもっている。

　ここに，通販業界が毎年拡大を続けてきた秘密がある。消費者の変化にあわせて，あるいは変化を先取りして，最新のIT技術を駆使したビジネスモデルを開発し続け，物理的なフルフィルメントにおけるサービス向上とあいまって消費者に継続的に認知されてきたのである。

¶ ダイレクトマーケティングと法律

① 時代の最先端としての通販業界

　現代社会を覆う傾向として，「規制緩和」がある。規制緩和では，予想される弊害については，弊害の危険性を理由に一切をあらかじめシャットアウトするのではなく，企業の自主的な判断でブレーキをかけながら賢明に行動していくことを期待している。

　そこには，速くて複雑な状況の変化に法令の規制では間に合わないという認識がある。時代の速い流れの最先端に位置している通販企業としては，自己責任で活動した後で事後的なチェックを受けるということにならざるをえない。

　以上から，通販業界は，単なる法令遵守を超えたコンプライアンスに取組む必要があること，それゆえに，モデルとして観察し，紹介する意味がある。

② ダイレクトマーケティングと法律

　どのような分野でどのような法的な問題があるのかについては，日本ダイレクトマーケティング学会理事の川越憲治弁護士（白鴎大学法科大学院教授）の

図表10-1　ダイレクトマーケティングと法律

分　野	法　律
データベース	不正競争防止法, 個人情報保護法
商品・サービス	知的財産（特許法, 意匠法, 商標法, 著作権法）, 製造物責任（PL）法, 消費者製品安全法, 工業標準化（JIS）法, 計量法
広告・販売促進	景品表示法, 公正競争規約, 特定商取引法, 家庭用品質表示法, JAS法, 薬事法, 食品衛生法, 健康食品法, 不正競争防止法, 消費者保護法, 保険法, 旅行業法
契　約	民法, 顧客との関係（消費者契約法, 割賦販売法, 金融商品販売法, 電子商取引法）, 取引先との関係（商法, 独占禁止法の大規模小売業告示, 下請法）

出所：2005年11月の日本ダイレクトマーケティング学会セミナーにおける川越の講演内容を和田がまとめたもの

問題意識（図表10-1）を援用する。

　このように，多くの法律がダイレクトマーケティング事業に関わると同時に，次つぎといろいろな法律ができてくるということである。ある問題の解決に当たって，ひとつの法律を適用すればすむ，ということには通常はならない。以下では，広告表示に焦点を絞って検討を進めたい。

3　通販企業における広告表示

¶ 表示問題の意味

① 表示に関する規制

　通販会社がいろいろのメディアを駆使して，新しかったり，便利な商品やサービスの存在を消費者に伝えるとき，「表示」問題がからんでくる。メリットばかりを並べ立てて，デメリットを正確にあるいはまったく伝えていなかった，誌面や放映画面の制約から質感や色調が正確に伝えられなかった，あるいは紹介のコピーや表現がオーバーなど，もし事前に消費者が正確な情報を手にしていたなら思い込み，誤解，勘違いには至らず，購入の意思決定はしなかったかもしれない，という問題である。

この問題に対しては，公正取引委員会や各都道府県の消費者行政担当の部署を中心に諸省庁が関係してくる。最近は，ボランタリーのモニターを募り，テーマを絞って広告の過剰や違法表示を定期的にチェックし，問題表示を発見すれば排除命令や警告などの行政処分や注意・指導を行っている。

② 表示問題と契約問題

　法令違反のケースばかりでなく，媒体を通してしか提供する商品やサービスを紹介できない通販固有の問題も存在する。たとえば，届いた商品がカタログなどからイメージしたものとは異なっていた，というようなケースである。その差異が拙劣な表示が原因なのか，前述の法的規制をしっかりクリアしていなかったことが原因かで，その後の消費者と企業の関係は法的には異なるものの，契約解除の問題が登場する。

　契約の解除については，法律のなかでも基本中の基本である民法が関係する。ケースによっては，消費者契約法や，特定商取引法，最近では電子商取引法などが登場し，契約が取り消されてしまうことにもなる。それだけではなく，会社側に悪意があると判断された場合には，上述の行政処分だけではなく，罰金や刑事罰も科せられるようになってきた。

③ 企業の対応

　企業側では，業界団体であるJADMA（日本通信販売協会）を中心として，情報交換や勉強会を行っている。さらに，業界として足並みをそろえるべき課題があれば，業界としてのガイドラインを作成して，行政の指導を受ける，などの活動も行っている。社内に向かっては，業界団体のガイドラインを基に，各社の行動基準（ガイドライン）を作成している。

　また，表示を自主的にチェックする部署を設けているところが多い。機会をとらえては研修会を催し，疑問を感じたら専門部署に事前相談をするようPRをしている。そして，自己責任で精一杯の活動をしている。

¶ 法の規制をクリアできないクリエーターの理由

　前述のごとき規制の存在と自助努力にもかかわらず，なぜ法的に問題のある

広告表示が相変わらず出現するのであろう。そこで，管理的視点を離れて，広告表示を制作する現場の現状を観察した結果，以下のような事実が判明したのである。

① 広告表示製作現場の現状

ダイレクトマーケティングにおける広告表示を行うには，基本的な枠組みがあることが理解されなければならない。これには，法により表示が強制されている項目・内容と，法で誇大表現の禁止を目的とした枠組みが示されているが，表記内容・方式は表示者の裁量に任されているもの，とがある。

前者については，特定商取引法により通信販売を行う企業が表示しなければならない項目が規定されている。あるいは，薬事法やJAS法などで表示が義務づけられている項目がある。後者は，景品表示法の規定に代表される，消費者による優良あるいは有利な誤認をさせてはならない，という規定である。

ところが，クリエーターあるいは通販に携わる商品担当者自身が，このようなことを知らなかったり，よく理解していないケースが多々みられる。そのような未熟な理解で広告表示の制作に携わる結果が，2007年に過去最多を記録した，公正取引委員会による広告表示に関わる処分となっている。

② スタートとしての商品に関する事実の提供

法により表示が義務づけられている項目や内容を表示できていない，という問題に関しては，経営者はもとより管理者の認識と徹底した指示，およびチェックをしてもらうしか方策はない。

他方，枠組みのみが示されている項目や内容に関しては，表示する対象の事実関係が誤りないものであることが前提になる。賞味期限の虚偽表示や，素材や原産地の表示誤りなど，いずれも表示された内容と現実に相違があったことが，大きな問題になっている。

広告表示の制作者は，提供された情報が正しいことを提供者から保証されて初めて安心して制作作業に取り掛かれることになる。

③ 広告表示からの事実の検証

　正しい情報によって制作された広告表示であれば，行政指導を受けることにはならない，といえるのだろうか。

　ここでは，広告表示に関わるクリエーターの姿勢と認識が問題となる。クリエーターは，まず作業の対象となる商品やサービスが，通信販売という手段を通して提供されるものであることを深く認識する必要がある。さまざまな流通チャネルを通して販売されることを前提とすれば，表示の表現には50以上の手段が存在するという。

　しかしながら，流通チャネルが通信販売と限られたとたんに，使える手段は半分以下になるが，そのことを正しく認識しているクリエーターは多くはない。ましてや，通信販売会社の担当者においては，各種表示・表現手段の存在や違いなどに対する認識も不足しているにちがいない。

　上記の流通チャネルと広告表示に関する表現の関係を理解したうえで，法的な規制を勘案して表示の制作を行えば，世間を騒がせており，経営者や会社を悩ましている各種の違法広告表示問題は，発生しないといえるのだろうか。

　答えは「ノー」である。法は，示された「広告表示」と「事実」の一対一の対応関係の有無を問題にしているのである。したがって，経営者は管理者に対して，制作された広告表示をそのまま発信するのではなく，新たな作業を工程に組み込むように指示することが重要である。すなわち，広告表示や表現をベースとして，そこで謳われている内容が事実かどうかを，逆検証することが，もっとも現実的な違法広告表示防止策だといえるからである。

　それでは，現実の違法広告表示問題の発生原因を，現場のクリエーターや管理者の責任であり，「勉強不足」といい切ってよいものだろうか。

4 日常の活動現場における法令遵守に向けて

¶ 観察・分析結果のまとめ

① 経営者の無理解と放置

以上のように，違法な広告表示が制作される原因には，制作担当者における広告表現に関する知識と，法的規制についての知識の両面での不足がみて取れるが，そのよってくる原因をさらに追究すると，そのような知識と理解の組織内での伝承が行われていないことに気づくのである。

いわば，組織固有のノウハウの定着努力が不足しているのだが，そのおおもとは，経営者が法令遵守の重要性を必ずしも認識できていないことにある。また，たとえ重要性それ自体は十分理解したとしても，どのようにして組織全体に法令遵守の考え方と姿勢を定着させるかのノウハウをもたないことに行き着く。

そこから，前節おわりの問いに対する答えは「ノー」となる。経営者自身のしっかりした認識と，より具体・個別的な対応方法の確立を目指した体制作りが望まれることになる。

② ダイレクトマーケティング手法に関する「暗黙知」と「形式知」

通信販売業界においては，法令遵守に関する理念や思想，そして実践の手法などについては，個々の企業組織に根付いているわけではなく，あるとすれば，個々の担当者個人に委ねられ，固有の知識（暗黙知）として存在している。

たとえ，正しい考え方と知識やノウハウを構築した個人が，徐々にその影響を周囲に広げたとしても，定期異動などでヒトが移動すればノウハウも移ってしまい，なくなるのである。そのこと自体は，その個人の影響力が強い場合には，正しい経営実践活動が広まることにもなるが，伝播速度は必ずしも期待できるほどではなく，また，しばしばその個人をむずかしい局面に追い込む結果になったりすることもある。

そのような組織においては，暗黙知を形式知にする過程の形成が容易ではな

く，ごく一部の例外のほかは，取組み自体が未着手のままである。筆者の知る限りでは，形式知化の努力には，ディノスにおける「e-ラーニング」プログラムの作成などがある。個人では，シーンラボ代表の小林正利編『信念のダイレクト・マーケティング』が先駆的である。

¶ ダイレクトマーケティング・ハンドブック制作の試み

① 日本ダイレクトマーケティング学会の設立

消費者保護の潮流のうねりが高まり，2000年には消費者契約法が制定された。翌年の2001年5月に，わが国におけるマーケティング研究の泰斗であり，当時の学習院院長の田島義博氏を会長に頂いて，日本ダイレクトマーケティング学会が設立された。そこでは，データベースを中心とした，ダイレクトマーケティングの実証的・理論的な研究が進められ，さらに，日本通信販売協会員も含めたセミナーなども開催されて通信販売業界におけるマーケティングの質の向上に資するところ大であった。

その後，2004年には消費者保護基本法が36年ぶりに大幅な改正を受け，消費者基本法として公布され，即日施行されている。各省庁が消費者保護へと力点の傾斜を強めるなか，談合の取締りで重みを増していた公正取引委員会は，「ルールある競争社会の推進」のテーマの下，効果，性能に関する不当表示など消費者取引における不公正な取引に対する迅速かつ実効性のある対処を行い，消費者が安心して商品選択ができる環境を創設するために，景品表示監視室を大幅に増強してきた。

② 法務研究部会の設立

その流れのなかで，JADMAの会員企業が公正取引委員会の調査を受け，排除命令や警告を受けるケースが出てきた。そのような情勢に対応することも視野に入れて，2005年，日本ダイレクトマーケティング学会内に，JADMAの理事でもある前出の川越を部会長として法務研究部会が設置された。

川越は，活動開始当初の2年間を啓蒙の時期と判断し，「ダイレクトマーケティングと法律」という記念すべき講演を行うほかに，同法律事務所の諸弁護

士をフルに法務研究部会の活動に参加させて、コアなメンバーの獲得を試みている。それだけでなく、業界の重要な課題と基本的な法令との関係の理解の徹底を図ったのはまさに卓見であった。

日本通信販売協会と日本ダイレクトマーケティング学会との間で、二人三脚はまだ始まったばかりではあるが、着実に成果を生み出しつつあるようである。ようやく、立法論的な研究のための実態観察の場と雰囲気も醸成され始めたようである。

③ ダイレクトマーケティング・ハンドブックづくり

上述した法務研究部会3年目の2007年には、テーマを「消費者とダイレクトマーケティング企業の接点」に求め、「広告表示問題」とともに「顧客からの問合せ対応」問題の検討を進めた。とくに「広告表示問題」については、これまで述べてきた経営環境もあり、検討過程で、現場で「使える」手引き制作の可能性が出てきたことが、部会員の間で共通認識となった。多数の経営幹部が部会を構成していることもあり、これまで総論や理念だけはあっても、産学両界で欠落していた各論や具体的施策への渇望感が遂に「もしかしたら満たされるかもしれない」という感触にかわったのである。

これは、これまで述べた認識をもとに、初心者や中級者が実務の現場で使えるだけでなく、上級者が中級者や初級者に対する指導にも使える手引きになるであろう。また、現場での使い勝手を向上させることで、真に「使える手引き」になるという認識から、IT技術を採用し、具体的にはウェブ形式で仕上げる予定という。一方、経営幹部向け、さらには、学会や行政向けに「エクゼクティブサマリー」を文書形式で発行することも検討されている。

④ e-ラーニング・プログラムはハンドブックの発展系

このハンドブックは、著作・制作は「日本ダイレクトマーケティング学会」、発行は「日本通信販売協会」を予定しているという。これはまさに産学協同の成果である。

先に、業界における暗黙知の形式知化は、わが国のダイレクトマーケティン

グの分野ではあまり進んでいないとして，例外的なケースを紹介した。このハンドブック制作には，学会・協会から有志を募って，さまざまなケーススタディー形式でのQ＆Aを収録していく計画もあると聞いている。

単純なケースから，さまざまな争点を含んだ悩ましいケースまで，これまで一企業内で眠っていた，いや，隠されてきた「失敗例」が陽の目をみることになるかもしれない。畑村洋一郎の「失敗学」の精神とノウハウがハンドブックに生かされるならば，画期的な成果になるであろう。

その成果が，さらに整理されて，業界固有のe-ラーニング・プログラムとなり，JADMAのメンバーに広く活用される場合には，現在，マスメディアを賑わしている「違法広告表示」に関するニュースは激減するかもしれない。

別の意味では，真に取締まられるべき悪徳企業のみが摘発される体制に改善されていくことも期待できる。現在，公正取引委員会がしばしば使用する「一罰百戒」的な手法は不要になり，2008年度に予定されている41名の景品表示監視室メンバー増員なども，より法の基本的な立法目的に沿った運用がなされるようになる可能性もあろう。

5 実効性あるコンプライアンス経営への取組み

¶ 法令遵守の限界

ここまでみてきた通信販売業界における活動は，着実に業界のレベルアップに資するものと考える。しかし，同業界が小売事業における最先端のビジネスモデルを日々構築しながら発展している状況を考えた時には，その活動は現行の法令の解釈と遵守にとどまっており，現実に直面している諸問題に対応するには，まだまだ不足していることに，現場レベルにおける実践を通して気づくことになる。

明らかに法令は，現実の社会や経済の営みから遅れているのである。したがって，法令順守だけでは消費者あるいは顧客をはじめとするステークホルダーの要請にはこたえ切れないことになる。ここにきて初めて，法令順守の上に，

その時々の企業に対する社会的要請にこたえることを加えた「コンプライアンス」の重要性と，それに向けて経営の重点を移行することこそが不祥事防止活動の本質であることに気づく。すなわち，コンプライアンス経営こそが，「顧客（ステークホルダー）満足の経営」なのである。

そして，その実践のなかから，法令制定や改正をにらんだ，立法論的な対応姿勢が出てこざるを得なくなる。こうして初めて，本来の意味での「自律」が草の根レベルでも根付いてくるのではないだろうか。

¶ 自律活動を根付かせる

以上，一組織内の自律したコンプライアンス経営の実行可能性について言及したが，実行にあたって，よりスムーズに実務レベルでの活動を徹底する仕掛けとしてのみならず，「ヒトのいきる経営」実現方策に関する一仮説として，「駐在さん」制度の導入を提案したい。

駐在さんとは，いうまでもなく，かつてわが国の街角に遍在していた「交番」に常駐する「おまわりさん」である。地域社会に生起するあらゆることに耳目を働かせて，もめごとレベルで問題を収める，調停役あるいは仲裁役として機能することで，住民の信頼と支持を得てきた。「駐在さん」は組織における秩序の論理と，成員の日常生活論理との仲介者である。

企業においては，筆者が指摘するまでもなく，技術だけではなく営業，さらには管理までも含め，さまざまなノウハウとその本質的な意味に関する「伝承」が途切れるかもしれないという危機に瀕している。それを防ぐために，定年年齢を何年か伸ばすことも一部では行われているが，単に便利に使う結果になるのではもったいないと考える。

誤解を恐れずに提言すると，「わが国の既存大企業において，要の役割を果たして来た人材に，新興産業に属す企業に『駐在さん』としていま一度活躍してもらうこと」ということになる。

現に，最近の韓国や中国の目覚しい経営諸相での発展には，わが国の企業を定年で去った方がたの活躍が与って大きいことが最近になってやっかみ半分で

話題になっている。「向うは，当社の優秀な先輩がノウハウのすべてを傾注してやっているのだから，負けるよね」である。

彼らは，社会や言葉の違いを乗り越えてノウハウを植えつけることに成功したのである。どうしてわが国においては，世代間の壁くらい乗り越えられないのだろうか。

6　おわりに

日本ダイレクトマーケティング学会法務研究部会における 2007 年度の研究において，「顧客からの問合せ対応」問題を「消費者との接点」における課題として取りあげたと述べたが，筆者は，本件は 2007 年問題の裏返し的な課題ではないかと考えて強い興味をもっている。わが国の現在の経済，すなわち「供給者」の体制を築き上げたとの自負心をもつ団塊の世代が，今度は「消費者」の立場に立つのである。企業にとっては，まことに手強いモノ申す消費者が続ぞくと誕生しているのである。

本章で検討した，コンプライアンス経営に真摯に取り組んでいない，正直にいきようとしない企業は，手厳しい批判を浴びて，場合によっては市場から退場させられることになっていくと予想される。広告表示に関しては，経営者が配慮すべきステークホルダーの重要な要素のひとつである「従業者」との関係を軸に考えたが，次は当然，「消費者」を軸に考えねばなるまい。広告表示問題も，第 3 節で概観した「契約問題」に直結しており，それが契機となって行政が乗り出すことにもなる。

筆者の研究上の基本テーマ「ヒトのいきる経営」のヒトは，働く人びとを指しているが，「会社」を語るときに必ずベースになる，各「ステークホルダー」をも包摂する視点をもつことの重要性も指摘したい。

団塊の世代の，供給者から消費者への転換を取りあげた背景には，「顧客からの問合せ」が，企業における担当窓口の対応の拙さが原因で，あっという間に大きく問題になってしまう例をいくつもみてきたことがある。そして，その

根本原因を筆者は，最近の世代間の断絶，そこまでは行かないまでも，コミュニケーションの不足や不全が深刻になっているのだ，と認識している。筆者としては，一層の観察と考察を深めていきたいと考えている。

〈参考文献〉
深尾光洋（1999）『コーポレートガバナンス入門』ちくま新書
高築智弘（1997）『リスク・マネジメント入門』日経新書
日本経営教育学会（2006）『経営教育事典』学文社
吉美俊哉（2004）『メディア文化論』有斐閣アルタ
岩井克人（2003）『会社はこれからどうなるのか』平凡社
P．バーンスタイン（1998）『リスク　神々への反逆』日本経済新聞社
浜辺陽一郎（2005）『コンプライアンスの考え方』中公新書
田坂広志（2006）『これから何が起こるのか』PHP新書
郷原信郎（2007）『「法令遵守」が日本を滅ぼす』新潮新書
JADMA編（2006）『通信販売AtoZ 知っておきたい法律知識』
JADMAホームページ（http://www.jadma.org/）
JASDMホームページ（http://www.dm-gakkai.jp/）
小林正利編（2006）『信念のダイレクト・マーケティング』シーンラボ
畑村洋一郎（2000）『失敗学のすすめ』講談社

索　引

あ 行

愛社精神　157
青木幹喜　2
アーキテクチャ　134
アメリカの海兵隊　159
アレント，H.　109
アンドラゴジー　10, 12
暗黙知　171
EQ　70
育成　90
池田守男　97
伊丹敬之　35
一如　117
違法広告表示　174
癒し　89
ウェーバー，M.　105
上野陽一　7
ウォーターマン，R. H.　143
LBDQ-XⅡ　74
エンパワーメント　2

か 行

概念化　89
学習の準備　14
学習能力　42
課題　47
課題を与えられた人びと　7
カタリスト　159
ガードナー，J. W.　68
金井壽宏　66
カプラ，F.　111
川越憲治　166, 172
関係性への欲求　16
感情コンピテンス　70
　──アプローチモデル　79
感動体験　59
機械論パラダイム　111
危機意識　58
企業内教育　9
企業不祥事　5, 141, 164
企業文化　5, 6, 102, 142
気づき　10, 89
逆ピラミッド型組織　100
9.9 型　66
共感　89
共感力因子　7
教師中心型　20
共生　8
共同学習型　21
クセノフォン　146
グーテンベルク，E.　34
クラウゼヴィッツ　146
クラントン，P. A.　11, 16
グリーンリーフ，R. K.　86
クリエーター　170
軍隊における国民精神　153
軍の武徳　152
形式知　171
傾聴　89
契約問題　168
ケースメソッド　44
ケネディ，A.　143
ゲーム理論　49
ケレハー，H.　93
現場主義　159

公正取引委員会　169, 172
行動論アプローチ　66
個尊重の経営　1, 95
コッター, J. P.　67
コーディネーション　109
コミットメント　157
コミュニケーション　4, 23, 109
コミュニティ構築　90
ゴールマン, D.　65
ゴーン, カルロス　156
コンティンジェンシーアプローチ　82
コントロールの内的位置　3
コンプライアンス　5, 154, 166, 175

さ　行

西郷隆盛　55
最終性　39, 43, 44
齊藤毅憲　33
差異の統合　108
サイモン, H. A.　34
サウスウエスト航空　92
サーバント・リーダー　94
サーバント・リーダーシップ　86
JR 西日本　142
CSR　130
事業部制組織　42
自己革新のシステム　160
自己啓発　3, 6, 9
自己決定型　13, 16, 21
自己統制因子　72
自己認識因子　72
資生堂　97
失敗体験　59
島津斉彬　50
シャイン, E. H.　143
社会的スキル　70
JDAMA　168, 172

集成館事業　50
主体的な学習人　3, 5
受容力　46, 54
障がい（害）者　7
障害者の法定雇用率　124
将軍の才能　152, 162
趙州和尚　113
職能別組織　42
触媒　159
職場外教育訓練　9, 25
職場内教育訓練　9, 24
ジョブコーチ　139
ジョミニ, A.　147
自律性への欲求　15
自律的な学習人　5
自律的なキャリア開発　2
人事部門　23
鈴木大拙　109
鈴木哲夫　34
スチュワードシップ　90
成功体験　59
成人教育者　9, 24
精神的な力　153
成長　108
絶対精神　148
説得　89
セムコ　157
セムラー, R.　157
千趣会　166
センシング　59
戦争　150
全体性　39, 44
禅における悟り　110, 112
禅問答　110, 113
戦略　151
相互決定型　16, 21
相互信頼関係　68

組織文化 142

た 行

対人関係のマネジメント 68
ダイバーシティ 85
ダイレクトマーケティング業界 165
田里亦無 109
他者決定型 16, 20
正しくいきる 7
立花隆 54
他人の感情を読む能力 70
多様性 85
他律と自律の同時並存性 4, 8
達磨大師 113
団塊の世代 126
チクセントミハイ, M. 50
駐在さん 175
超弁証法的止揚 121
ディール, T. 143
DHC 166
デザインルール 134
デューイ, J. 11, 14, 22
店頭起点の改革 99
道元 115
当事者意識 58
特性論アプローチ 65, 81
特例子会社 125
トップ・マネジメント 28
ドラッカー, P. F. 29, 31, 32, 85

な 行

内省 115
内発的動機 21
内部告発 164
日産再生 156
ニッセン 166
日本航空障害者雇用株主代表訴訟 124
日本ダイレクトマーケティング学会 172
日本通信販売協会 168
ノールズ, M. S. 13, 14

は 行

ハイエク, F. A. 155
Hi-Hi パラダイム 65, 69
バシュラール, G. 58
ハーズバーグ, F. 126
バレット, C. 94
PM 型 66
ピゴーズ, P. 23
ビジョン 102, 110
ピーターズ, T. J. 143
ヒトがいきること 1
人と組織 108
ヒトをいかす 1
ヒューマン・リソース 23, 27, 137
   ――・マネジメント 27
表示問題 167
ファシリテーション型 21
ファヨール, H. 33
ファンケル 166
複雑系のパラダイム 155
藤本隆宏 134
ブランチャード, K. 98
プリゴジン, I. 155
ブレーク, R. 66
フロリダ, R. 110
ヘーゲル, G. W. F. 148
ペダゴジー 12
ヘッセ, H. 86
ベニス, W. 67
ベルグソン, H. 155
弁証法 148

法令遵守　171
ポランニー，K.　155

ま　行

マイヤーズ，C. A.　23
マキャヴェリ　146
摩擦　150
松下幸之助　2
マネジメント一般　29
ミグロム，P.　109
三隅二不二　66
三菱自動車　142
ミドルマネジメント　38
ミンツバーグ，H.　29-32
無自性　118
モジュール　132
モチベーション　109
　——因子　74
もちまえ　6
モートン，J. S.　66
森五郎　9
問題　47
　——意識　58
　——解決力　47

や　行

柳生宗厳　117
山本高治郎　56
ヤンツ，H.　155
有能さへの欲求　15
雪印　141
予見　90

ら　行

ライル，G.　120
リーダー行動　74
リーダーシップ　4
　——論　62
リンデマン，E. C.　12
ロジャーズ，C.　13, 23
ロバーツ，J.　109
ロバスト（屈強）な2軸　66

わ　行

ワイク，K. E.　120

執筆者略歴

まえがき・第1章
齊藤　毅憲（さいとう　たけのり）
関東学院大学経済学部教授，多摩大学大学院元客員教授，横浜市立大学名誉教授

第2章
松田　直樹（まつだ　なおき）
多摩大学大学院経営情報学研究科修了（第18期）
株式会社アンドラエデュー代表。個人のキャリア自律をベースにした研修体系の構築支援，自己成長を核にしたリーダの育成支援を行う。

第3章
江畑　徹（えばた　とおる）
多摩大学大学院経営情報学研究科修了（第15期）
SPRING総研代表。調査，コンサルティング，研修事業を行う。研修では，戦略の組織内浸透，戦略を生み出し機能させる基盤としての企業文化の浸透をはかる。

第4章
岡　弘（おか　ひろし）
多摩大学大学院経営情報学研究科修了（第18期）
株式会社オリエンタルランド運営部パークゲストリレーショングループに所属し，東京ディズニーランドにて，ゲストサービスを行っている。その他，NPO法人コミュニティマネジメントラボ理事として島津斉彬の「集成館事業」とコミュニティに関わる調査研究活動を行う。

第5章
最上　雄太（もがみ　ゆうた）
多摩大学大学院経営情報学研究科修了（第17期）
株式会社イデアス取締役CEO。管理職・リーダー向けの企業内研修のプロデュースと講師派遣を行う。専門分野はリーダーシップ。問題解決。プレゼンテーションなど。EQやNLP（神経言語プログラミング）などの心理学をベースとしたコンピテンシー養成が特徴。

第6章
立山　美江（たてやま　みえ）
多摩大学大学院経営情報学研究科修了（第18期）
株式会社アゴス・ジャパンにて，約10年にわたって大学・大学院・MBAへの留学指導にかかわり，現在は国際人材育成のために，高校・大学など学校法人に対する英語教育や留学準備の支援事業をマネージャーとして展開している。

第7章
小森谷　浩志（こもりや　ひろし）
多摩大学大学院経営情報学研究科修了（第18期）
組織開発コンサルタント。「仕事を遊びに，遊びを仕事に」を基本コンセプトに，個人と組織の才能の開花を支援する。具体的には，個人の内省力と根源的な問い掛け能力を起点に，以下の3点に取り組む。
1．アクション・ラーニングと連動したリーダーシップ開発
2．経営理念の進化と深化の促進
3．教育体系のグランドデザイン

第8章
松井　優子（まつい　ゆうこ）
多摩大学大学院経営情報学研究科修了（第16期）
人材サービス業の特例子会社（障害者雇用を促進する目的でつくられた会社）日総ぴゅあ株式会社に勤務。新規事業の経営企画，採用・人材育成等に携わる。経済と福祉の両立を目指した，新たな雇用を創出できるビジネスを日々リサーチ中。

第9章
明石　力（あかし　つとむ）
多摩大学大学院経営情報学研究科修了（第18期）
三菱重工業株式会社入社後，プラントの営業，新規事業の開発，マーケティングなどの部署を経験。現在は，機械・鉄構CSR推進室主席部員としてコンプライアンスや設備投資計画の支援などに取り組む。

第10章
和田　俊彦（わだ　としひこ）
多摩大学大学院経営情報学研究科修了（第11期）
株式会社ディノス勤務。社内経営リスクの発生防止のための法務的な視点からの制度・システム・教育に関する企画と実施。ならびに，コンプライアンス違反事例の発生時の実務的対応。業界としての意識や情報の共有化の提案と体制作りなど。

ヒトがいきる経営

2008年9月10日　第1版第1刷発行

編著者　齊　藤　毅　憲
発行者　田　中　千津子
発行所　㈱　学　文　社
〒153-0064　東京都目黒区下目黒3-6-1
電話（03）3715-1501㈹　振替 00130-9-98842
http://www.gakubunsha.com

落丁・乱丁の場合は，本社にてお取替します　　印刷／新灯印刷㈱
定価は，カバーに表示　　　　　　　　　　　　〈検印省略〉

ISBN 978-4-7620-1863-3
© 2008　Saito Takenori　Printed in Japan